HISTOIRES EXTRAORDINAIRES

傑物が変えた世界史

ラストエンペラー溥儀からイスラエル建国の父ベン=グリオンまで

下

アラン・ドゥコー
Alain Decaux

清水珠代／濱田英作／松永りえ／松尾真奈美 訳
Tamayo Shimizu　Eisaku Hamada　Rie Matsunaga　Manami Matsuo

原書房

傑物が変えた世界史・下

ラストエンペラー溥儀からイスラエル建国の父ベン＝グリオンまで

◆目次

7 溥儀（一九〇六―一九六七）ラストエンペラー 1

8 ハイレ・セラシエ一世（一八九二―一九七五）「王のなかの王」の悲劇 61

9 ラインハルト・ハイドリヒ（一九〇四―一九四二）は
プラハで死ななければならなかった 127
10 ベン＝グリオン（一八八六―一九七三）
イスラエルの誕生 175

傑物が変えた世界史◆上・目次

1 ドラキュラ、ヴラド三世（一四三一―一四七六）　串刺し公から吸血鬼へ
2 マンドラン（一七二五―一七五五）対ルイ一五世（一七一〇―一七七四）
3 シャンポリオン（一七九〇―一八三二）　古代エジプトの沈黙を破った男
4 ルートヴィヒ二世（一八四五―一八八六）　バイエルンの狂王
5 偉大なるアラビアのロレンス（一八八八―一九三五）
6 大空の征服者メルモズ（一九〇一―一九三六）

7 溥儀（一九〇六―一九六七）
ラストエンペラー

〈満州国の戦犯たち〉を乗せたソ連の列車が、満州の瀋陽駅――欧米名ムクデン［満州語の地名。旧名奉天。満州国時代を除いて、中華民国時代と現代においては瀋陽。清の旧都］――に停止したとき、汽車はすでに五日間走っていた。一九五〇年七月三一日、汽車は国境を越えた。その翌日、囚人たちは中国人民政府の代表団に引き渡された。

戦争犯罪人！　一九五〇年、いまや新たに共産主義の手にわたった国においては、この言葉がどれほどの深刻な意味をもっているかを知らない者は、一行のなかに一人もいなかった。おしなべて彼らは、対日協力者［「漢奸」］だった。この道行きをせまられた者たちは、信じて疑わなかった。終点には、処刑隊が待ち受けているのだ、と。

ホームに下車したばかりのおびえきった者たちのなかの一人は、ほっそりとして、眼鏡をかけ、その歳は四四歳だった。一見して、ほかとなにも変わったところは見えなかった。ところがどうして！　この溥儀《プーイー》という名の男は、かつては中国の皇帝だったのだ。

この先の死は——絶対に——避けえない。皆とともに隣国同志の手に渡される、とソ連に告げられたときから、彼はそのことを考えつづけていた。ついに、年貢の納めどきが来たのだ。いやむしろ、あたえられるべき瞬間を甘んじて待つよりは、いっそいまここで、すぐに済ましてしまうべきではないか？

ベルナルド・ベルトルッチ監督のあの傑作映画、『ラストエンペラー』は、この悲劇的瞬間を描写している。洗面所に隠れた溥儀《ふぎ》が、そこで自殺しようとするのだ。そのシーンは悲痛だが、史実ではない。そのことについて脚本家をそしるのは子どもじみているし、ましてや監督を責めるべきではないだろう。彼らの目的は、歴史を忠実になぞるのではなくて、芸術作品を作り上げることにあったのだから。わたしたちがこの作品を賞賛するゆえに、またその主人公に惹きつけられるがゆえに、歴史を愛するわたしたちは、虚と真実を区別する必要があるのだ。

ではいったい、中国最後の皇帝《ラストエンペラー》、溥儀の真実とはなんだろうか。

†

おそらく、ある人間の人生が、ここまで衝撃的なコントラストを見せるということは、まずないであろう。人民中国の監獄暮らしが待っている、その人物が成長したのは、北京故宮紫禁城のなかだった。都市のなかにあって、それ自身が都《みやこ》である、世界きっての宮殿だ。マルコ・ポーロは、一三世紀の終わりに訪れたこの都《みやこ》を、西洋将棋盤《チェス》にたとえている。その印象は正鵠を射ている。違いといえば、現在では毎日、無数の見学客が訪れるこの場所は、かつて何世紀にもわたって、「天子」とよばれるただ一人のために置かれていたということだ。中国とは、「天上の帝国」だったのではなかったか？

観光客がまず見て驚くのは——最初の衝撃である——、周囲の城壁のとてつもない色あいではないだろうか。それこそが、ここに「紫禁城」の名をあたえているのだ。参観者は、二つの前庭を通りぬける。そして壮大な「午門」（真昼の門）をくぐり、運河を渡って、中庭に入る。その運河は「金水」といい、白大理石でできた五本の橋が架かっている。その回廊の前で、またその三段になったやはり白大理石の基壇に向かって、さらには黄金色の瓦で葺かれ湾曲した甍《いらか》をもつ、かつてのモンゴルの天幕を彷彿させる殿堂群を目にして、はたして陶然としない者がいるだろうか。訪れる者に供せられるのは、黄土色の屋根に対する紅の列柱、それに雪白の大理石という、驚異的な色彩の饗宴である。世界のいかなる宮殿も、君主に対して人民から捧げられた絶対的富貴を、かくまでありありと体現してはいない。

さてこの紫禁城は、長さ九六〇メートルと七五〇メートルの四辺形からなり、それ自身城壁をもつ皇城によって囲まれている。その皇城はタタール人市街［内城］のなかに組みこまれ、その南に中国人市街［外城］が付属している。これがすなわち世界を表わしているので、そのなかに故宮が、あたかも〈マトリョーシカのもっとも小さい人形〉[1]としていだかれているのである。

そのなかには数えきれないほどの宮室があるが、千古の記憶を求める参観者はまず、金水を越えた向こうにある、大理石の基壇の上に築かれた大和殿をじっくり見学することになろう。一九〇八年の一二月二日、まさにここで、弱冠二歳半の小児が、皇帝に即位したと宣言されたのである。

それが、溥儀だった。

†

最古の中国王朝は、掛け値なしに人類の黎明期にさかのぼる。そうした王朝の皇帝の大部分は、伝説中の人物である。それでも、前二三五九年には帝尭《ていぎょう》が中国を統治したと史書に記されていると聞くと、わたしたちは夢見心地にならないではいられない［この時代の年代はあいまいで、推定にすぎない。尭は、中国神話上の王である三皇五帝の一人。舜《しゅん》に王位を禅譲し、舜はまた禹《う》に禅譲して、この禹が歴史上の夏王朝（新石器時代末期、文字の出現以前なので、その存在が確証されたわけではない）の始祖となったとされている］。彼の後に、多数の王朝がひき続いた。周代（前一〇五〇［初代文王を継いだ武王が前王朝の殷《いん》を滅ぼしたのが一〇二七年頃とされる］—前二五六）には、孔子の儒学が生まれている。明朝（一三六八—一六四四）は、文芸の偉大な保護者として定評がある。

一六四四年、満州族の王族であるドルゴンが北京を奪取したとき、明の皇帝は自害した［実際はそれ以前に、李自成の反乱により北京は包囲され、崇禎帝は故宮北側の景山で自害している］。ドルゴンの甥が皇帝を称した［順治帝］。こうして、清朝が権力をにぎることになったのである。

二千年前から続く中国帝国のことを考えたら［前二二一年に秦が最初の帝国を作る以前は、夏（新石器時代末期）、殷、周の王朝は名目上、各地域を諸侯の上に立って支配したが、それは帝国ではなく、その王は天子とよばれた］、たかだか一七世紀に登場した王朝など、ごくごく最近のこととなる。とはいえ、清はこの帝国の歴史に巨大な足跡を残した。あの、全長三五〇〇キロメートルにもおよぶ人類史上最もすばらしい建造物、月からも見えるという万里の長城の原型を造った、最初の秦帝国にも匹敵するのである。

三歳の子どもでありながら即位した溥儀は、そうした清朝皇帝たちの後継者だった。

一九〇六年の二月七日に彼が生まれたころ、この天上の帝国を統治していたのは、一人の女性であった［西太后］。彼女には、そんな権利はなかったのだが。まさに溥儀に向けられたその遺言には、当の本人がこう記している。「けっして女性を最高権力の座につかせぬこと。これはわが王朝祖宗の禁ずるところの法である」と。ところが自分自身は、その祖法を破ることにためらいなど少しもなかった。彼女は、人たらしと、陰謀と、犯罪とにより、その権力へと到達したのである。彼女の名は慈禧太后といったが、臣民たちは彼女をさして、ひそかに「老仏爺《ラオフォーイエ》」「山の神といったニュアンス」とよんでいた。

彼女に権力への門が開かれたのは、一八五三年、咸豊帝《かんぽうてい》の後宮［内廷といい、皇帝の家庭にあたる。皇后はじめ諸妃嬪が、宦官の世話のもと生活する］に入り、皇帝の側室の一人に選ばれたときからだった。

皇帝は、多数の夫人をかかえる権利を持ってはいたが、通常は三人に限っていた。なかでも、第一夫人のみが、「皇后」の称号をもち、残りの二人は「貴妃」だった。側室に加えられる者の数も、原則として限られていた。これはあくまで原則であり、何人かの皇帝たちは、まさに「後宮一千人」だった。このように、主上に多数の女性集団――その人数はあまりにも多かったため、一部の者は帝の臥所《ふしど》に侍《はべ》る機会をたった一度しか持てなかった――が付属するということから、宦官の制度が生まれた。この制度は、皇帝の側室の貞節を守るためのそなえでもあった。

一九世紀に入ると、歴代皇帝は、その収容と給養に重大な問題をかかえたことにより、側室の増大を放棄した。勅令により、超過してはならない人数が定められた。すなわち七〇名、それでも相当な数だった。側室たちは、皇太后によって選ばれた。そうして、若きエホナラ［これは彼女の満州族の苗字で、幼名は蘭児］、つまりのちの慈禧［西太后］は、六〇名の候補のなかで、第三位に入ったのだった。そのとき、彼女は一八歳で、かわいらしく、また野心満々だった。

これだけの数の競争者のなかで、いかに抜きん出るべきか。唯一のチャンスがめぐってきた。そのときまで、咸豊帝は、正室とのあいだにも、また側室とのあいだにも、女児しかもうけていなかった。後宮に入って三年後、慈禧は男児を産んだのである。それはあやういタイミングで、なぜならば、咸豊帝の健康はそこなわれはじめていたからである。当時の文献によれば、それは、咸豊帝があらゆる放蕩に身をまかせた報いだという。彼の最期が近いことを見てとった慈禧［当時は懿貴妃の称号をもっていた］は、彼に対して、その息子に後を継がせることを懇願した。咸豊帝は、一八六一年のその死の直前に、それを認めた。そして、慈禧は手際よくことを進行させた。

三名の摂政が指名された［実際に咸豊帝が指名したのは八大臣で、そのなかの主だった三人が、粛順、載垣、端華であった］。宮廷内の宦官たちの加担も得て、慈禧は彼らを逮捕し、ほどなく斬首した［粛順は斬首刑、載垣と端華は自害させられた］。彼女はまた、国璽をも奪いとった。彼女は内閣をおどして、皇太后の称号をみずからに与えさせ、咸豊帝の弟［恭親王奕訢］に摂政をゆだねたものの、すべては彼女の意のままだった。

†

西太后は、中国の至高の女主人だった。その地位に、四七年とどまった。彼女については、ある種の、なにより直観と容赦ない意志、それに日々ゆるめることのなかった警戒心にもとづいた政治的才覚を認めないわけにはいかないだろう。彼女は、人が良心のとがめと呼ぶものに引きとめられることなどなかった。その長年の統治期間にわたって、彼女は、大胆にも異を唱えた者、もしくはたんに自分の目に障害物と映った者を死に追いやった。自分の権力を確実にするために、彼女は恐怖政治を選んだのである。それは、それほどむずかしいことではなかった。周囲はすべて震えあがった。西太后が陰険な目つきになるのを見たとき、宮廷は氷のごとき苦悶に突如包まれるのだった。

ただ一度だけ、彼女は足場を失ったかに見えた。すなわち、一八七五年、皇帝だった息子［同治帝］が崩御したときである。順当に考えるならば、権力は西太后の手を離れるはずである。ところが、彼女は驚くべき復活の挙に出た。彼女自身の妹の子であり、他方では咸豊帝の甥にあたる人物［同治帝の従弟載湉］を、皇帝に指名させたのである［光緒帝］。正統性が守られたというには、ほど遠かった。なぜならば、ほかの王子たちのほうが、載湉よりも優先権をもっていたからである。だが彼女にとっては、甥が統治することが必要だった。

新帝の光緒帝――栄光の継承という意味――は、たった四歳だった。慈禧は摂政としてふるまうことができた［垂簾聴政という］。そして結婚相手には、自分の弟の娘をあてがった［隆裕皇后］。新皇后はきっちりとした任務を託されていた。その夫が、ちょっとでも独自の動きをしようとするのを防ぐことである。

当時、慈禧は、夏宮であり、北京から一〇キロメートルほど離れた、二九〇ヘクタールの広さをもつ、夢のごとき離宮に隠居していた。彼女は、休息のときが訪れた、「自分の」祖先から贈られた夏宮をより美しくすることに余生を捧げる、と宣言していた。それは、運河と湖の周囲につらなる途方もなく美しい庭園と建物群であった。すでに一七六七年、イエズス会の神父であるブノワ師は、こう書いている。「この宮殿［当時の名称は清漪園《せいいえん》］は、皇帝の住居と定められ、すべての庭園の面積は広大で、内部には四大世界［アジア、ヨーロッパ、アフリカ、アメリカ］からの、もっとも精選された珍奇なものが、すべて集められている」と。

この夏宮はしかし、一八六〇年には、慈禧が逃げまわっていた条約［北京条約］を結ばせるために侵入していた英仏軍の手によって徹底的に略奪されていた。一八世紀の末、中国の領土は最大規模に達していた。その当時は、世界最大の国家であり、疑いなく最強であった。だが、一九世紀を通じて、しだいに衰退の道をたどりはじめていた。その原因はなによりも外国の強欲であり、最初は西欧、ついで日本が続いた。さまざまな口実で、西洋は中国に介入した。ロシア、フランス、イギリス、ドイツ。諸国は要求を申し立て、その実現のために、多数の軍艦を中国の沿岸に派遣した。これを、砲艦外交という。一八六〇年の遠征［一八五六年よりはじまるアロー号戦争、第二次アヘン戦争の最終段階。英仏軍により円明園が破壊された］以後、この千年を誇る帝国に対する異国の事実上の支配が、ひとつ、またひとつと確実なものになっていった。

†

夏宮の掠奪に心を痛めた読者は安心していただきたい。西太后は、夏宮をありとあらゆる豪華さで再建した［これ以後、頤和園《いわえん》と改称される］。自分のさまざまな気まぐれを実現するために、彼女は国家の予算の相当部分をつぎこんだ。そうして、彼女は清国海軍近代化のために割りあてられた予算を、まるまる一年分充当したのだ。

戦争が、日本とのあいだに勃発した［日清戦争］。中国は圧倒されたが、西太后が国家収入をどのように使ったかを考えれば、驚くことではなかった。それ以後、列強は、この見るからに脆弱な帝国の領土に殺到することになった。それぞれが特権と、租界と、領域をみずから割りあてた。慈禧は気にもしなかった。彼女は、頤和園で、宝物を愛でていたのだ。

これほどまでに伯母に軽くみられていた光緒帝——慈禧の二重の甥でもある——が、ほかの若き世代の中国人とともに、列強が中国に押しつけたこの屈辱に恨みをつのらせる、とはだれが予測しただろうか？　栄光の帝国が、これほどまでに貶められるにいたったのだ！　とりわけ日本と比較すると、それはさらに耐えがたかったはずである。

一八六八年以後［すなわち明治維新］、大日本帝国は鎖国を脱して、西欧に学ぶことにした。日本が中世を脱して一九世紀に伍するには、わずか数年しか要しなかった。この例に学び、若き中国の世代は、異国の圧力に対抗するために、自国を西洋化せざるを得ないと考えた［洋務運動］。この改革プログラムは練り上げられて、皇帝のもとに提出されるにいたった。

光緒帝はこれに感激し、自分の名望を賭けた［戊戌変法］。彼はそのために必要な勅令を交付する準備をさせた。その前文は、鮮やかである。「古代の有徳の君主は、それまでの慣習に頑迷に執着することはなかった。彼らはつねに、変化を受け入れることにやぶさかではなかった。夏には布の服を、冬には毛皮を着るように…」

若き皇帝は、西太后がこのような変革に断固として反対することはわかっていた。この変法案に手厳しい批評を申し立てる者があらわれ、その背後に西太后がいることを、皇帝は知った。彼は、慈禧を逮捕させることにした。

哀れな光緒帝！　彼がその任務を命じた袁世凱《えんせいがい》は、帝に忠誠を誓っていたのである。その袁が裏切り、西太后に注進した。彼女はただちに応戦し、反射神経をいささかも失っているわけではないことを見せつけた。宮城は襲撃され、甥の皇帝は監禁された［戊戌政変］。変法に与した者どもは処刑され、多数が長期の拷問を受けた。慈禧は全権力をとりもどしたのだった。

興味深いことには、まったく同じ理由から、彼女は外国人に対して、光緒帝へと同様の憎しみをいだくようになった。もう長年にわたり、中国にはある宗教的結社が育ちつつあった。すなわち義和拳（義和団）——西洋でのよび名は「ボクサーズ」——である。彼らは、異国人を排斥し、中国人のキリスト教徒を死に追いやることを誓っていた。慈禧は、彼らの行動に力を貸したのである。彼女が救世主になる日がやってきた。「余は命令する。すべての外国人、男も、女も、子どもも、老いも若きも、司法手続きなしで処刑されるべし。一人も逃すな！」

ここに、北京の外国公使館に対する攻囲戦が起こった。またもや映画の話になるが、『北京の五十五日』のなかの、公使たちみずからによる防衛の物語は忘れられない。八か国連合軍が、彼らを解放したのだった。恐怖にかられた慈禧は、農婦の姿に変装して逃亡せざるをえなかった。遠方［西安］から彼女は勝者たちと交渉し、すべての条件を受諾し、なんのためらいもなく、このあいだまで彼女自身が暴動をあおっていた義和拳の指導者たちを、処刑者の手に引き渡した。

彼女の命令に従っただけの地方の総督たちや重臣たちも、同様に処刑された。

平和は戻ってきた。しかし、見返りはなんという惨状であったろう！　光緒帝はもはや実権をにぎることはなかった［名称のみは光緒新政という］。彼の健康は、日に日に悪化するのが目に見えた。ある説によれば、慈禧が毒を盛らせたのだという。人は金持ちにしか金を貸さないというが、さんざん悪事を働いてきた慈禧の罪状に甥の毒殺が加えられるのも仕方ない。

では、光緒帝の後を継ぐのはだれか？

内閣では、多数の候補者の名があげられたが、みな当然、皇族から選ばれていた。慈禧は一顧だにせず却下した。とうの昔に、彼女は意中の人物を決めていたのである。すなわち、光緒帝の甥、つまりは彼女自身の曽甥にあたる、溥儀だった。まだ二歳半だった。

†

一九〇八年一一月一四日、三八歳の光緒帝は、絶望の内に崩御した。西太后は、おそらく喜んだであろう。というのも、新皇帝は乳児でしかなく、それはまちがいなく彼女に、まだ何年もの統治期間を残してくれるはずだったからだ。だが天命というのは、この完璧な推論に、うまく落とし前をつけてくれるものだ。光緒帝崩御の翌日、失神が慈禧を打ち倒した。彼女は、その後数時間しか生きなかった。本人もそれはわかっていた。

†

隊列が、紫禁城を出た。徒歩と騎馬の群れが、二人の宦官がかつぐ御輿をとりまいた。その周囲には、騎馬の近衛兵と侍従たちと高官がつきしたがった。

方角は、北の邸宅で、三〇分ほどのところ、「北海」の畔にあった。そこには、光緒帝の弟である醇親王が、二人の妻とともに暮らしていた。

行列が到着するのを見たとき、醇親王はすぐに悟った。彼の息子はとりあげられ、皇帝になるのだと。そのとき、子どもは、乳母の王夫人と遊んでいた。豪華絢爛たる武装の一団が出現するのをみた子どもは、びっくり仰天した。彼は、侍従長が大声で命令を叫ぶのを聞いた。「お小さい方の、お仕度をせよ！」

この光景は溥儀を恐慌におとしいれた。人々が屋敷に近づくと、子どもは押し入れに隠れた。宦官たちはその場を押さえ、なだめながら捕まえようとした。泣いて体をゆらし、子どもは彼らに飛びかかり、引っかき、どうにかしてのがれようとした。侍従長は、子どもが泣き叫ぶままにした。椅子にくずおれた醇親王は、もはやなんの気力も失ったようだった。そこで侍従は、考えついた。

「乳母をこれへ。乳母を探せ！」

彼女は、まだ若かった。王夫人は、たった二一歳だった。親は小農で、洪水と飢饉とで収入を減らし、彼女はある金持ちのところに、奴婢兼妾として身売りさせられたのだった。そこで彼女は、親切にされるどころか、殴られてばかりだった。金持ちは死に、彼女には子どもが残された。彼女が幼い王子の乳母に選ばれたのは、その豊かな乳の出が評価されたからだった。皇族に奉公するためには、実子には二度と会わないことを誓わねばならなかった。この子はある家族に預けられたものの、すて置かれたために、すぐに死んでしまった。王夫人がそのことを知ったのは、それから八年たってからのことだった。[2]

だがいまは、彼女はためらわなかった。とにかく、このわがまま坊やの扱いをだれよりも知っているのは、彼女だけであった。彼女は、胴衣をはだけ、胸を出した。たちまち子どもはおちつき、王夫人の腕のなかに飛びこんで、ごくごくと乳を飲みはじめた。九歳のときまで、彼女が授乳していたことは、心にとめておくべきだろう。

一人の女性が、涙をこらえていた。なぜならば、この場で泣くのは適切ではなかったし、だいいち危険でもあった。それは、溥儀の母だった。彼女は、息子が引き離され、遠ざかるのを眺めるしかなかった。それから五年たって、彼女はようやくふたたびまみえることを得たのであった。

†

輿にひっぱりあげられ、王夫人にしがみついて、溥儀は紫禁城にたどり着いた。寒い、寒い日であった。彼はただちに、瀕死の西太后のかたわらに導かれた。

その衝撃は、わたしの心に深く刻みこまれた、と、溥儀はのちに書いている。わたしは、見も知らぬ人々の真ん中に、突然ただ一人放りこまれた。一方で、わたしの目の前には、薄暗い帳《とばり》がかかり、それをとおして、やせ細った醜悪でおそろしい顔が見えた。それが、西太后だった。のちに聞けば、わたしは、彼女を見て泣き叫び、震えが止まらなくなったという。慈禧は、飴玉をあたえるように言ったが、わたしはそれを床に投げつけて、叫んだ。「乳母やはどこ、乳母やはどこ！」これが彼女に非常な不快を与えた。「なんと聞き分けのない子だ」、と彼女は言った。「どこかに遊ばせにつれていけ！」[3]

一二月二日、その日は大和殿での戴冠式だった。玉座に座らせられた溥儀は、自分の背丈と比べて信じられぬほどの高さにおびえた。暖房もなかった。もしも室温計があったならば、それは零度をはるかに下まわっていたであろう。子どもは震えた。寒さのためか、それともおそれからだったのか。いつ終わるとも知れない長い典礼については、他人から何度も語り聞かされたので、しまいに溥儀は、それを自分の記憶と思いこんでしまい、次のように記している。

「わたしは儀式を、長すぎてひどく退屈に思った。ひどく寒く、皆はわたしを正殿に運び、巨大で高い玉座に押し上げたので、わたしはもうこらえきれなくなった。父はわたしを支え、玉座の横にひざまずき、そんなに動いてはいけない、と言った。だがわたしはもがきながら叫んだ。『ここにいたくない。おうちにかえりたい！』。パニックを起こした父は、玉の汗を流しはじめた。高官たちがわたしの前で叩頭《こうとう》を続けているあいだに、わたしの叫びは鋭さを増した。父はわたしをおちつかせようとして言った。『さあ泣くな、すぐに終わるから』。わたしをなだめるためのこのことばは、宮廷の役人たちには、ひどく腹立たしく響いた。なぜならば彼らは、そこに『凶兆の予言』を見てとったからであった［治世がすぐに終わるという意が重なったと思った］」

その日以来、溥儀には、紫禁城以外に住む屋敷はなかった。そこは、豪勢な監獄であり、あがめ奉られていた溥儀少年は奴隷であった。宦官、高官、僧侶、ありとあらゆる人間が、彼の世話をあれこれと焼いた。その幼年時代に、一人でいるということは、けっしてなかった。ただの数歩でも庭を歩もうと思っても、それをあきらめなければならなかった。なぜならば、輿に乗ることのみが、皇帝にはふさわしかったからだ。しかも、いつも皇帝にふさわしくつきしたがわれねばならない。最低でも数百人がしたがうのが決まりだった。露払いの宦官がお供の先頭に立って走り、鼻先から声を張りあげて人々に告げ知らせ、遠ざけるのだった。彼の周囲にいるのは、宦官ばかりだった。そのなかの一人は、皇帝がたまたま止まりたいと思ったらすぐに座れるように、小さな肘掛椅子を捧げ持っていた。また別の宦官は着替えの係、また一人は雨傘係、さらに一人は日傘の係となっていた。ではもし、お腹がすいたらば？　お喉がかわいたらば？　帝室専用の茶を給仕する宦官が、山ほどの菓子と、ジャムと、シロップとを準備していた。ではもし、皇帝が不調を感じられたならば？　もちろんそこには、帝室専用の救急薬係の宦官が、ありとあらゆる類の水薬、霊薬、丸薬、腹痛用の糖衣錠、風邪引きの粉薬を手にひかえていた。それではもし、陛下が急に催されたらば？　おまるの係の宦官がいる。「こんな途方もないお供が、完全な沈黙のなか、歩んでいくのだった」と、溥儀は回想している。

まったく同じようにばかげた儀式が、食事のときにもくりかえされた。そこにも、宦官と侍従たちの軍団が居ならんでいた。厳密に定められた、役にも立たない所作が反復された。あまたの食卓の上には、帝室菜園で育てられたキノコぞえの若鶏まるまる一羽からはじまり、三種の異なる味つけをされた鴨にいたるまでの、二四皿もの途方もない料理がならべられた。その途中には、蒸した豚すね肉のハム、牛の胃と肺を使ったシチュー、新甘藍《キャベツ》をそえた薄切り牛肉が供されるのだった。さらにくわえて、炒めた野菜、先祖伝来のコンソメスープ、数えきれないデザートにも欠けるものはなかった。すべての料理は、あたかも帝国の運命がかかっているかのように厳選された、芸術家とよぶべき名コックによって調えられていた。とはいえ、幼い皇帝は一椀の米と胡麻のパンしか口にしなかったので、すべてはむだだった。

宮廷儀礼からのがれるのは不可能だった。「旧暦の正月一九日に着はじめる、白い毛皮の裏のついた黒い着物から、一一月の朔日に身につけるオコジョの毛皮の服にいたるまで、毎年のそれぞれの時期に着替えるべき二八種の衣服を避けることもできなかった」

†

そうしたなかで溥儀は成長し、そして退屈した。唯一の気晴らしは、宦官たちを困らせることであった。彼らには、皇帝のどのような要求も拒否する権利がなかった。ある日、彼は、なにかの糞を地面に見つけた。それをお付きの宦官に示して、彼は言った。

「これを食べよ」

宦官は、ただちにひざまずいて、その命に従った。

孤独に何年もすごしたのち、ようやく彼は、母と、弟の溥傑、そして妹の一人を迎え入れることを許された。とはいえその子どもたちは、兄に語りかけるときには、「皇帝陛下におかれましては…」と「満腔の敬意をもて」話を申し上げなければならなかった。

溥儀が勉強をはじめたのは、五歳になったときだった。光緒帝の未亡人である隆裕皇太后が、彼に三人の家庭教師をつけた。彼らは、溥儀に、なによりも哲学と国史とを教授した。本が読めるようになると、騎士道や昔の叙事詩、読み継がれている古い伝説などを与えられた。勉学をするにあたっては、弟〔溥傑〕や、従兄の一人〔溥儒、画家として著名〕などと机をならべた。そのあたりのことを、彼は淡々と書いている。「わたしの学友たちは、追加の特典に恵まれていた。すなわち、わたしに代わって罰を受ける光栄だ」

そうして、変わらぬときがすぎた。紫禁城の赤紫の城壁の外側では、中国の歴史上、もっとも急進的な出来事が、いまや起こりつつあった。溥儀が、なにも知らないあいだに。

†

外国勢力の中国への浸透は、ますます激しくなっていた。だが大多数の中国人は、そのことを気にもかけずに、ぞっとするような不安定さのなかを生きており、文字どおり、その日その日を必死に暮らそうとしていたのだ。もう少し上等な階級の者たちは、はや絶望していた。いつ中国は、その精華をふたたびとりもどせるだろうか？

ある男が、その志と希望とを受け継いでいた。その名を、孫逸仙といった［これは欧米での、彼の字にもとづく呼称。日本では通常、孫文と呼ぶ。中国では、彼が日本で称した号をとって、孫中山という］。彼は、まさに悠久の中国そのものの生き姿といってもよかった。その父は貧農であり、珠江デルタ［広東省］にある、小さな畑に頼った粗末な生活を送っていた。家族も、あまりに名もない存在で、そのためだれも、この子の戸籍の登録など思いつきもしなかった。だが何千万人という中国人が、彼同様に生まれ、育ち、死んでいっていたのであり、戸籍がないことなど問題にもならなかった。

ハワイ諸島のサトウキビ畑が、彼に飛躍のチャンスをもたらした。当時ハワイでは、喫緊に労働者を必要としていた。中国でならば、ただ一口のパンのために働く人間を、いつでも募集することができた。孫文の兄も出稼ぎに行った。少しばかりの金を稼いだ後、兄はそれを両親のところに持ち帰り、そして一時帰国したときに、弟をつれていくことを申し出た。ホノルルに着くと、兄は一三歳［数え］のこの少年を労働者ではなく、学校の生徒にした。彼は英国国教会の主教が創立したイオラニ・スクールに入学した［最後にはプナホウ・スクールにも移った。どちらの学校のウェブサイトにも、同窓生として孫文のことが記されている］。なんという変化だったろう。中国農民の子どもが、イギリス風の最上の教育を受けたのだ。彼が身につけたのは、英語だけではなく、西欧の生活習慣、思考方法、そしてデモクラシーというものだった。そうして、キリスト教徒になった。香港に発った孫文は医学を学び、一八九二年に、外科もふくむ医学の学位を取得した。彼は、ドクター・スンヤッツェン《孫逸仙》となったのである。

孫文はふたたびハワイにおもむき、ついでロンドンに、そして日本に姿を現わした。もう中国のことは忘れてしまったのか？　とんでもなかった。むしろ、とりつかれていた。日本との戦争に敗れたことは、彼を絶望の淵に追いやった。彼は、中国に近代世界のなかで占めるべき地位をとりもどさせることを誓っていた。孫文は、華僑を糾合した、最初の秘密結社を創設し[興中会]、ついで二番目の結社も作った[中国同盟会]。彼はパンフレットを発行した。その題は、「中国問題の真の解決」[『孫文革命文集』（深町英夫編訳、二〇一一年、岩波文庫）所収]というものだった。これは、とくに華僑のあいだでよく読まれた。アメリカでの講演において、彼は帝政の廃止と共和政の建設を訴えた。

孫文の綱領は、次のようなものである。「人民が富を所有し、人民が富を支配し、人民が富の利益を得るべきである」。当時、数多くの中国人がアメリカに在住していた。彼らは熱狂し、賛同と寄付とを孫文に送りとどけた。欧州への旅行ののち、この中国革命の鼓吹者はふたたび日本に戻り、留学生を中心に、多くの同調者をつのった。また雑誌を発行し、その思想を極東の全域に広めた。行動のときが来たと見た孫文は、その追従者たちとともに蜂起を組織したが、それは失敗に終わった。中国政府にとって、孫文は打倒の対象となった。だが彼は気にもかけず、資金集めのために世界中をかけめぐり、香港では新たな雑誌を出版した。こうしたすべてが実りはじめ、しだいに中国人エリートのなかに浸透していった。一九一一年一〇月一〇日、武昌の砲兵連隊と工兵隊が反乱を起こした。数日のうちに、彼らは長江流域［湖北省地域］のすべての要衝を押さえるにいたった。清朝宮廷は、農民も混じったこの叛徒に対して、軍隊を派遣した。結果は失敗だった。蜂起は中国心臓部のすべてに広がり、わけても雲南省は共和国を宣言した。

†

醇親王——溥儀の父——は、その息子の名のもとに摂政王をつとめていた。とり乱した彼は、光緒帝を裏切った前歴のある袁世凱をよびもどし、反乱鎮圧のための全権を与えたのだ。袁世凱は、反乱軍の将軍たちと取り引きをしなければならないと計算した。彼らは、新憲法を公布すること、そしてただちに議会を選出して責任ある政府を立てることを強く要求した。

この最後通牒を知った摂政王は屈服した。王は息子である幼い皇帝に、まさに自己批判ともいうべき詔書に署名させた。

「朕は三年間統治した。誠心誠意人民の利益に心を配ったが、政治の手腕に欠け、適所に人材を配することができなかった。（…）この勅令により、朕はすべての人民に対して、みずからをあらためて、わが兵士と国民の協力を得て、憲法を忠実に実施することを誓う。（…）朕は現今の要求に適切でない旧法を廃棄する。朕は、先帝が望んでいた満州人と中国人の結集を打ち立てようとしている。（…）朕は幼少にして、臣民の頂点にいる。いまや不幸にして、祖宗より朕が託されたものをくつがえそうとする陰謀が発生するところまで立ちいたっている。朕は悔悟のなかにある。だが朕は、この永遠の帝国をより強固にするために人民と兵士が力を貸してくれる、と確信している。われらの経済、われらの外交は、破滅の淵にある。たとえ団結しても、朕はその淵におちいることを危惧する。もし帝国の臣民がならず者に誤られるままにあれば、中国の未来は絶望に瀕する。昼夜をとわず、朕は懸念に打ちのめされている。朕の唯一の望みは、なんじら臣民がこの状況を、しっかりと理解してくれることである」

蜂起は驚異的な速度で進展した。ひと月足らずのあいだに、一八省のうちの一四省が寝返った。共和政の支持者たちは、上海、広東、福建、そうして南京の実権をにぎった。上海では、中華民国政府が組織された。憲法制定議会が招集された。

窮余の一策として、摂政王は袁世凱を内閣総理大臣に任命した。しかしこれは新たな過ちだった。なぜなら袁世凱は、反乱勢力に対する善意のしるしとして、隆裕皇太后に摂政王の解任を要求したからだ。そして皇太后は、もうためらわなかった。「ただ一人の人間が国政をつかさどり、そして誤った。いまや事態はここまでにいたった。わが国のすべての人民は苦悩と不幸に沈んでいる…。われらは醇親王に、その王宮に蟄居し、向後国事に介入せざることを命ずる」

この革命の報《しら》せは、アメリカにいる孫文を驚かせた。中国に急いで戻らなければならない。到着すると、群衆は喝采を浴びせた。南京において、蜂起した地方の代表者たちは、孫文が中華民国政府臨時大総統につくことを求めた。一九一二年一月一日、孫文は宣誓した。その五日後、彼は外国列強に対して、中華民国の成立を通告した。

初代大総統になれるとばかり思っていた袁世凱は、一杯くわされた。だがそれは、見かけのことだった。この老練な軍人は、そのあたりの政治手腕には長けていた。将来の最適な進路を保持するために重要だったのは、共和派に対して、すでに任命されている総理大臣の称号を承認させることであった。そのために彼はへりくだり、宮廷に対して皇帝の退位を勧めた。

ここに結ばれた協定は［いまに「退位詔書」と「清室優待条件」文書が残る］、わたしたちの時代の歴史上、おそらくもっとも驚異的なもののひとつとして残るだろう。皇帝は、袁世凱を総理大臣に指名することを確認する。そして、民国を承認する。その代償として、民国政府は、溥儀に大清皇帝の称号を保持することを保証するとともに、一四〇〇万金フラン［当時の清国では四〇〇万両］を歳費として支給する。紫禁城と頤和園は、居住地として付与される。皇族とその使用人たちは、この二つに住みつづけることを認可される。

幼い溥儀に、このような急進的変革が訪れたことが、はたして理解できただろうか。彼は、自分の運命に影を落とした、ある光景を記憶にとどめた。彼の脳裏にはその情景だけがきざみつけられた。ただし、それがなにを意味するかはわからなかった。「隆裕皇太后は、養心殿［故宮の宮殿の一つ］にある小部屋の一つの炕《カン》［韓国でいうオンドル］の上に座っていた。彼女は眼を手巾《ハンカチ》でぬぐっていた。その面前には、肥えた老人（袁世凱）が、赤い座布団にひざまずき、顔は涙に濡れていた。わたしは皇太后の右側に座り、なぜいい大人であるこの二人が泣くのか、不思議に思っていた。わたしたち三人のほかには、その部屋にはだれもおらず、あたりはしんと静かだった。その年とった男は騒々しく鼻をすすり、そしてわたしは、その話していることがちっともわからなかった…」

こうして、溥儀をもって最後の代表とする王朝は、中国の統治を終えた。

†

だが紫禁城のなかでは、なにひとつ変わりはなかった。儀式はそのままに、作法もいつもどおりであった。あいかわらず、数えきれぬほど多くの宦官が仕えていた。子どもの皇帝が、二八種の服を着るのも同じだった。食事もかならず、二四皿から選んだ。人々は例によって彼の前でひざまずいた。民国が新しい勲章を授与する一方で、溥儀も支持者に清朝の勲章を授けた。新しい国旗は中国にひるがえったが、紫禁城には昔ながらの王朝の旗がたなびくのだった。

ただひとつ違ってきたのは、溥儀が成長するなかで、外部から伝えられるニュースを、以前より理解するようになったことだった。そのため、あの袁世凱が、自分のまわりに、孫文の急進主義をおそれる穏健派を糾合していると聞いても、溥儀はほとんど驚かなかった。さらにくわえて、袁世凱が権力を掌握するために孫文を大総統の地位から追い落とそうとしていると教えられても、驚きはしなかった［溥儀の退位後、孫文は臨時大総統を辞任し、袁世凱がその地位についた］。

結局、勝利したのは保守派のほうだった。孫文は、民国の基礎を固めるために、国民党を設立し、議会の大多数を占めた。これが袁世凱の気に入らず、彼は国民党の議会指導者を暗殺させ［宋教仁のこと。なお袁世凱の指令か否かについては異説もある］、議会を解散した。ほどなく、国民党派の政治指導者たちは、孫文もふくめて亡命せざるをえなくなった［第二革命の失敗］。こうして、袁世凱はだれとも権力を分けあうことなく中国を統治するようになった。

あいかわらず紫禁城の囚人である溥儀にとって、しかし何が変わっただろうか？

一九一五年までは、彼は動揺と無縁だった。その年、大総統の称号にあき足らない袁世凱が、玉座に上ろうと夢見ていることを、溥儀は知った。帝位？　皇帝は一人しか存在しない、と溥儀は思った。それは神聖な存在だ。そしてそれは、わたしだ。

あきらかに、あの老練なマキャベリともいうべき袁世凱にとっては、小さな皇帝の意見など、鼻にかけるほどのこともなかった。彼は執拗に要求した。尊厳ある帝政を復活させて、袁世凱を皇帝として戴くべきか？　答えは賛成だった。そこには念入りな裏工作があったと考えてもいいだろう。そこで、袁世凱は皇帝即位を宣言した！

溥儀は書いている。「わたしはたった九歳であったにもかかわらず、この知らせに、いわくいいがたいほど怒りをおぼえ、同時に命の危険をおそれた…。袁世凱が帝位についたら、彼は、完全に余計で添えものの皇帝なぞの存在をがまんするであろうか」。そうなのだ、春秋時代を思い出してみよ、三六人の君主が暗殺されているのだ…。

すでに新たな王朝の準備がはじまり、紫禁城のなかにも、即位に必要な部屋が整えられた。袁世凱は、途方もない傲慢不遜さをもって、その娘を進んで溥儀に嫁がせると言明した。こうして、新旧王朝をしっかりと合体させるというのだった。また恩きせがましくも、袁世凱は溥儀に対する歳費を維持すると知らせてきた。

袁世凱の予想外のことに、この即位は、草の根の中国から大反発をくらった。六つの省が分離し、それは「護国運動」に発展した。その野心を捨てるということは、彼に大きな心身的失意をもたらした［一九一六年に第三革命が起こり、袁はやむなく帝政を廃止した］。そうして、一九一六年六月六日、袁世凱は死去したのだった。

溥儀は幸福だった。もうこれで、彼以外の皇帝はいないのだ。

†

紫禁城に、祝声が響きわたった！　簒奪者は死んだのだ！　すべての部屋から宦官たちが飛び出してきて、吉報を伝えるために、宮殿となく庭となく走りまわった。その日の勉強はありませんと伝えられた溥儀には、幸運が頂点に達したように思えた。

†

祖霊に感謝の犠牲を捧げているあいだも、みなは袁世凱の天下がたった八三日しか続かなかったことにうなずきあった。また、人民が帝室の尊厳の復古を認め、君主制への変わらぬ愛着を示したことについても、くりかえして語った。人々が支持したのは袁世凱にではなく、世襲の君主に権力が戻ることの必要性であった。

溥儀の家庭教師たちは、翌日から口をそろえて語った。

「われらが王朝の博愛心は広大であり、その利点は数多いのでございます。すべての人民は、古きよき制度の復古を切望いたしております！」

溥儀は、これらのことばを、大いなる興味をもって聞いた。ある日のこと、彼は、張勲という名の将軍が宮廷に参上したのを見かけた。賛美の念とともに家庭教師たちがいうことには、張勲はなみいる軍人のなかでも、もっとも帝政派なのだそうだ。それが証拠に、みな近代思想に染まって辮髪《べんぱつ》を切り落とすなか、彼は頑として ゆずらなかった。教師たちは言った。まちがいなく、張勲閣下は、王朝が本来もっている権力を、陛下にとりもどすためのお助けをするでありましょう。

だが、将軍が子どもの皇帝の前にあらわれたとき、溥儀はひどくがっかりした。「張勲は赤ら顔の男で、げじげじ眉毛をしていて、おまけに太っていた。猪首であり、まるで料理係の宦官に髭をつけ加えたようだった」

将軍は子どもの皇帝にお目にかかるなり、地に伏して叩頭した。礼儀作法としては上出来だ。しばしののち、将軍は言明した。

「陛下の復位によってのみ、人民は苦難より解放されます」

溥儀は回想する。「将軍は、その役割に似あいの体型からはほど遠かった。彼が話している間中、わたしは斜め上から、将軍がほんとうに辮髪かどうかを見ようとしていた。たしかに、彼の儀礼用の縁なし帽子からは、ごま塩色のしっぽがぶら下がっていた」

家庭教師からきっちり台詞を教えこまれていた溥儀は、こう答えた。「朕は若すぎて、力量と美徳を欠いている。朕はこれほど重大な責任を、とても担えるとは思わない」

ここでシナリオに沿って、張勲は「そのようなことはございません！」と抗議の叫び声を張り上げ、子どもは説得されて同意を表明した。将軍はただちにクーデターの支度にとりかかった。

北京では、もうじき王朝が復位することは確実だとの見方が広がり、辮髪を切った者たちは、おそれをなした。彼らは大あわてで、馬の毛で作ったにせの辮髪を注文したものだった。

一九一七年の六月三〇日の夜から七月一日にかけて、張勲はその配下の六〇〇〇名の兵士とともに北京に入城した。彼は溥儀のもとに伺候し、用意した勅令に署名して、若き皇帝がふたたび権力をとることを宣言するよう求めた。

当時の大総統であった黎元洪《れいげんこう》は女装して逃げ出し［行先は日本公使館］、一方で六万人の兵士が集結して［これは黎元洪のライバルで罷免された国務総理であった段祺瑞の組織した軍］、空からは紫禁城を爆撃し、張勲の傭兵たちを撃った。彼らは蜘蛛の子をちらすように逃げ出した。将軍もその後を追い、やがてオランダ公使館に避難したのだった。

帝政復古は失敗に終わった。溥儀は再度、退位詔書に署名をしなければならなかった。一度目のときはなにもわかっていなかったが、今回は苦悩で弱りきった。「わたしは激しい嗚咽をもらすのをこらえることができなかった。おそれと悲しみに打ちのめされた」

民国側は、まだ若い溥儀は復位を強制された、と信じるふりをした。だから紫禁城にはなんの変化も生じなかった。

†

紫禁城は、平穏で、居心地よく、静かだった。だがその外では、中国は完全な混乱におちいっていた。北京には、日本人の政治と軍事の顧問が、日に日に増えていった。異国人が、かつての天上の帝国にかくものさばるのは前代未聞の事態だった。どの省でも、地域の暴君が権力をにぎった。これを「軍閥」という。

一九一七年には、今度は南方の諸省が離脱した。彼らは孫文をよびよせ、孫文は広州で、北京政府に対抗する政府の長［軍政府なので大元帥］となった［第一次護法運動］。

中国は、闇に閉ざされた。

†

一九一九年三月三日、珍客が紫禁城にやってきた。それはひとりの西洋人だった。彼が通りかかるのを見ると、宦官たちは狼狽し、まゆをひそめ、少しでも危険を感じたら逃げ出そうと考えた。この西洋人は四五歳で、背が高くて恰幅がよかった。その目は青く、赤ら顔で、豊かな髪の毛は灰色だった。その名は、レジナルド・ジョンストンといった。彼は、溥儀の英語教師として指名されたのだった。

このときから、ジョンストンは毎日二時間、宮殿で皇帝とすごすことになった。のちに彼は『紫禁城の黄昏』という書物を出版するが［日本でも数種類の抄訳と完訳とが出ている］、これは溥儀に関する知識を得るうえで特筆すべき資料である。ジョンストンは、すぐにこの子どものことを気に入った。彼は、少年溥儀について、真の「小紳士」だと記している。その一方で、彼は宮廷についていては、その内実を知ってやや恐怖にも似た感想をいだいただけに、軽蔑しか示していない。ジョンストンの本と溥儀自身の回想録とを比較対照するのは、たいへん面白いことだ。両者はともに、時代から完全にとり残されたこの宮廷であいかわらずくりひろげられる、くだらない陰謀や途方もない浪費を描写している。大英帝国のよき臣民として、ジョンストンは自分に山ほどあたえられた特権に無関心でいられなかったことを隠そうとしない。まず彼は、「下級役人」として、輿に乗って紫禁城に入る権利が与えられたことに大喜びした。次には、黒貂の毛皮の長衣をまとえる「第二級官吏」に昇進したことで有頂天になった。そうして彼の幸福は、「中国最上級官」となって、紫禁城内を騎馬で往来できる特権を楽しむことで、完璧になった。これを彼は、大いに誇って行使、濫用した。

では、ジョンストンの描写する溥儀とは、どんな姿だろうか。まず溥儀は、「英語およびいかなるヨーロッパ言語の知識もないが、それを身につけたく思っており、心づもりとしてはたいへん積極的に見える。彼は中国の新聞を読むことを許されており、あきらかに高い理解力をもって日々の報道、なかんずく内外の政治分野に興味を示す。彼はしっかりとした地理の知識をもっており、旅行や探検に大いに関心をいだいている。また欧州の現況や世界大戦の帰趨に対して、十分に妥当な考え方をしていて、中国の相対的な政治的地位や重要性にかんして、誤ったり誇張されたりした観念には毒されてはいないようである。

彼は身体的には頑健で、その年齢のわりにはしっかりした体つきをしている。すばらしく人間味のある若き紳士で、生来の知的な鋭敏さと鋭いユーモアのセンスを有している。かてて加えて、きわだった物腰をそなえ、傲慢さのかけらもなく見える…。彼は、自身の弟と同じ皇族の二、三の若者が、ごく短時間の伺候を許されるまれな機会をのぞき、同年代の若者と顔を合わせることはできない…」

ジョンストンは、彼の生徒に強いられている生活がもたらしかねない結果について、懸念をいだいていた。あきらかにいまのところは、彼はいまだ「そのとり巻きの愚かさと無益さ」の影響は受けてはいなかったが、「そこを無傷で切りぬけられるという望みも、ほとんどない」。必要なのは、彼が「現時点では唯一の同居人たる宦官の群れおよび役立たずの官吏ども」から解放されることだった。

そして溥儀のほうは、このスコットランド人［ジョンストン］については、どう見ていたのだろうか。彼は、ジョンストンの銀髪と青い目――紫禁城ではきわめて異様である――が、自分を「非常におちつかなくさせた」と述べている。彼はジョンストンのことを、「非常に怖い」と思っていた。それで、こう書いている。「わたしは、英語の授業のあいだは、模範的な生徒であって、中国人教師たちを相手にしているときと違って、退屈なので別のことをしましょうなどとは、とうてい言えなかった…」。だがすぐに、溥儀はこのスコットランド人の教授に感嘆するようになり、やがては真に偶像視するにいたったのだった。「わたしは、彼のすべてが高尚だと感じた…。彼はわたしに、西洋人こそが世界でもっとも知的でかつ文明化されているという印象を与え、彼自身がそのなかでも最も博識であると思った」。授業が終幕に近づくにつれて、その感化は完璧の域に達した。「ジョンストンは、わたしの精神のなかの主要な部分を占めるにいたった」

この小紳士は、しだいにヨーロッパナイズされていった。ヨーロッパ風の習慣を身につけ、とり巻きの高官たちの悲憤慷慨《ひふんこうがい》にもかかわらず、その辮髪を切り落としたのである。また彼は、ジョンストンの勧めにしたがって、あの神聖な輿に乗ることを拒絶し、歩くことにした。さらには、彼はジョンストンに教わって、自転車に乗ることにしたのである。宦官の頭は、主上が紫禁城のなかを、あの地獄にふさわしい機械に乗って、全速力で縦横に走りまわるのを見て、あやうく卒倒しかけた。

さらに、次の事態が起こった。これまたジョンストンの勧めにしたがって、溥儀は紫禁城に電話を引かせたのである。それに、電気も。そして、何台もの自動車だった。ジョンストンが、彼の生徒が近眼であることを知って、眼鏡をかけさせようとしたときなどは、帝室のお付きたちのあいだに、どれほどの論争をひき起こしたことか！　宮廷は布告したものだ。「皇帝陛下たるものは、眼鏡などお召しにはならない」と。ジョンストンは断固として反論したが、最後に眼鏡派になるのを決断したのは、溥儀自身だった。これで、彼は紫禁城内に映写室を設け――これも革新の一つであった――、毎週の映画の上映を、存分に楽しめるようになった〔『ラスト・エンペラー』の記述によると、この映写室は溥儀の婚礼の祝儀として民国政府より贈られたものだという〕。

ジョンストンの溥儀にかんする思い出には、楽しいものがある一方で、かなりの不安をかきたてるものもあった。ジョンストンに印象深かったのは、この若者の性質の奥深くにある「軽薄さ」であった。「わたしは最初、それを若さゆえの無頓着によるものと理解していたが、何度かの機会にふれるにしたがい、彼の性質のなかに、一貫性の断絶ともいうべき現象の徴候を見抜いたと信ずるにいたった。それは、彼のなかに対立する二つの人格が存在することをうかがわせるものだった」。それはまさに、元皇帝の弟が、エドワード・ベアに語ったことでもある。「兄がいい気分のときはなんの問題もなく、一緒にいてじつに楽しい人でした。ところが、いったんなにかでそれがくずれると、悲観主義が顔を出すのです[4]」

一九一九年五月四日、紫禁城からほど近い天安門広場に集結した何千人もの学生たちのあげる雄叫びが、溥儀にははたして聞こえていたであろうか？　彼らは、第一次世界大戦後の中国が嘗めた屈辱に対して抗議していたのだった［「五四運動」。パリ講和会議において、山東省権益の日本からの返還と二一箇条要求撤廃が認められなかったことに抗議した。中国民主運動の嚆矢と記念される］。ヴェルサイユ条約は、青島《チンタオ》における旧ドイツ権益を日本にゆずることを認めていた。なんの権利があって、中国の土地を好き勝手にするのか？　なぜ正統な持ち主に返還しないのか？　この日を境に、「救国」を求める青年知識層を核にした運動の、おそるべき発展がわき起こった。その先導者のかなりの者たちは、一九一九年から一九二〇年ごろ、マルクス主義を見出した。これに目をつけたコミンテルンは、モスクワから代表を派遣した。この出会いから、一九二一年七月、中国共産党が生まれ、その力は一九二四年一月、孫文の率いる国民党との合作につながった。それがその後、どんな事態をひき起こしたかを知っているわたしたちは、中国共産党の誕生と国共合作を正しく評価することができる。

それで、溥儀はどうだったのか？　ジョンストンによれば、五四運動と、そこから生じた革命の機運は、「皇帝によって、もっとも生き生きした興味をもって注視されていた」。おそらくそうだったろう。このスコットランド人教師とその中国人生徒は、帝政の復古の可能性について――

この期におよんでも——熱心に議論していたのだ。ジョンストンは、大多数の中国人は王朝の復帰を待ち望んでいると確信してはいたが、完璧な民主主義者であったので、溥儀に、「人民から自由選挙で選出された代表からの、自発的で正式の請願の形式によらないかぎり、ふたたび玉座に昇ろうなどというあらゆる誘いに耳をかさないこと」を忠告していた。

ジョンストンを日増しにいらだたせたのは、愛弟子である溥儀が日常的に、そして組織的に搾取されていくことだった。民国は、溥儀の歳費を減額した。とはいえ、宮廷人にとって、ぜいたくな生活を切りつめることなど論外だった。そこで、殿中や居室に満ちあふれた財物を、進んで捨て値で切り売りすることにしたのだ。

一九二二年の初めには、紫禁城は騒然となった。皇帝はもうすぐ一六歳で、結婚させなければならなかったからだ。

溥儀の母［幼蘭］は亡くなっていた。自殺であった［アヘン吸引によるという］。紫禁城では、先代の四人の太妃たちが、うの目たかの目で、因習に沿わない異分子が入りこまないように見張っていた。皇帝の結婚は彼女たちの縄張りで、それについては、はなはだ声高に主張した。しかし、まずは彼女たちのあいだで同意が形成される必要がある。興奮気味の話しあいは、金切り声が響く口げんかとなった。たいそうな紆余曲折をへて、太妃たちは四人の候補者一覧について合意に達した。四枚の写真が、溥儀に渡された。さあ、お選びなさいまし！

情けないことだ！　溥儀は書く。「見たところ、娘たちはみな似たりよったりで、民族服にくるまれた体はまるで筒のように見えた。写真の顔はちっぽけで、きれいなのだかどうかも判然しなかった…。そのときわたしは、これが人生の一大事にかかわるなどとは考えもせず、また拠って立つべき基準というものにも、まるでぴんと来なかった。たいした興味もわかないまま、かわいらしく見えた顔のところに印をつけた。それが文繍《ぶんしゅう》であった。まだ一三歳だった［モンゴル族。溥儀の第二夫人（淑妃）となる。のちに離婚し、女学校教師となるが、新中国成立後には困窮して亡くなる］」

一人の太妃が怒り狂った。彼女には個人的に意中の候補がおり、文繍は皇帝が顧慮するような相手ではなかったのだ！　そこで太妃は、やりなおしを求めた。溥儀は素直に従った。なんの苦もなく、彼はこの口うるさいおば様が示した写真に丸を描いた。今度選んだのは、一七歳の婉容で、その名の中国語の意味は、「しとやかなすがた」というのだった［満州族旗人であるゴベイル氏出身。中国名は、三国時代の魏の詩人曹植の『洛神賦』に由来する。のちには理想に敗れてアヘンにおぼれ、悲劇的な末路を迎える］。

婉容は魅力的だった。彼女に接した者はみな、その美しさにうっとりとするのだった。アルノー・ダンタン・ド・ヴァイヤック［一九〇八―一九九九、アカデミー・フランセーズ会員、一九八二年に著書『溥儀、中国最後の皇帝』でビゲ賞受賞］は「完璧な楕円形の顔立ち、憂いをおびた大きな眼、上品で小さな手、そして優雅な足どり」とほめそやし、またエドワード・ベアは「豪奢で官能的な美しさ、東洋のクラウディア・カルディナーレともよぶべき美人、唇はぽってりとして、大きな眼は、どこか物憂げな雰囲気をただよわせている」と見立てている。彼女は満州人のもっとも華麗な一族の出であり、アメリカ宣教師によって西洋式の薫陶を受けていた。

残る問題は、最初に選ばれ、そして捨てられた候補のことだった。そこでもう一人の太妃が解決策を出した。「陛下はすでに文繍の写真に印をつけておられるので、この娘はもはや臣民のだれとも結婚することがかないませぬ。したがいまして、陛下はこの者を淑妃［第二夫人、側室］となすべきでございます」。こうしてただちに、若き皇帝は正妻と側室とを侍らせられることとなったのだった。

†

ところが、この婚約と婚礼とが大々的に発表されているあいだに、溥儀は一つのことしか考えていなかった。とにかく逃げだす。結婚をそれほどおそれたのか？　弟の溥傑によれば、「兄の決めたことは、来たるべき結婚とは、なんのかかわりもありませんでした。とにかく、かごの鳥状態から脱出したかったのです」という。

「オックス《牛》フォード《津》大学で学びたい」というのが彼の夢だった。彼は秘密裏に、［売却した］美術品の形でかなりの資金を集めており、イギリス公使館に亡命できるように助けてほしい、とジョンストンに頼んだ。だがジョンストンは、きっぱりと拒絶した。皇帝であろうとも、一人の中国人が、イギリス政府に少しでも迷惑をかけるようなことは論外だ。すでに荷造りまでして待ち望んでいた脱走をあきらめざるをえなかった溥儀の目からは、涙があふれ出た。これからも紫禁城の囚人として忍従しなければならないのだ。

そして、もはや結婚からものがれるすべはなかった。

†

おとぎ話に出てくるような行列が、夜になって、北京を練り歩いた。二二人のお供にかつがれた儀式用の輿に乗って、婉容は初夜を祝うべき紫禁城へと向かった。

紫禁城の門で、宦官たちが輿を引き継いだ。そこに楽隊がつきしたがった。そしてほどなく、新たな居宅にて、未来の皇后は、はじめて目にする夫にひざまずいた。彼女が六回叩頭しているあいだに、婚礼が完了したとの勅令が読み上げられた。

満州族の慣習では、婚礼は月光の下に行なわれなければならなかった。夜は更けた。溥儀は、皇后とともに、結婚のための部屋である坤寧宮［故宮内邸のもっとも奥まったところ］にしりぞいた。彼はその内部を、きわめて正確に覚えている。「かなり奇妙な部屋で、その面積の四分の一は天蓋のかかった巨大な寝台で占められ、ほかにはなんの家具もなかった」。寝台の周囲には金糸と赤色の帳がたらされ、そこには龍鳳がちりばめられていた。

だれもいなかった。まさに独りだった。だが、伝統にそむくことはできなかった。まずは契りの盃を飲まなければならず、「子々孫々の菓子」を食べなければならなかった。まさしく悲壮で率直に、溥儀はその場面を描写している。「苦悩が、わたしをとらえた。結婚相手が、うつむいて寝床に座っている。わたしのまわりのすべては、緋色のみだった。帳《とばり》も赤、布団も赤、裙子《もすそ》も赤、飾り花も赤色、それに朱《あけ》に染まった顔…。なにもかもが溶けた蠟におおわれているような感じだった。立ったままか、それとも座るべきかもわからなかった。これは養心殿に戻ったほうがいいと考え、わたしは引き上げた」

要は、溥儀は逃げ出したのだ。その形容が、もっともふさわしいだろう。彼は独身の若者の部屋住みに戻ったのだ。かわいそうに、結婚相手としてあてがわれた娘をほったらかして。

だが、なぜ？

確実なのは、紫禁城住人のだれひとりとして、この若者に、はじめての女性との出会いについて、あえてなんの助言も与えなかったということだ。皇太后は、そんな話題に手をつけるくらいなら、死んだほうがましだと思っただろう。当然、宦官たちにもそんな資格があるはずがなかった。典型的なヴィクトリア朝イギリス人であるジョンストンにとっても、その手のことがらをほのめかすことすらタブーであった。それでも溥儀はもう一六歳であり、その結婚によって手に入れたのは、きわめて魅力的な伴侶としての若き皇后であった。たしかに二人ともおぼこではあったろうが、そんな例は世にいくらでもあり、それにこんなときには、お互いの情熱が、すべてを解決してくれるものだ。溥儀の性欲は、いまだ眠ったままだったのだろうか？　それとも癒されぬ性的不能に苦しんでいたのだろうか？

北京で、皇帝の側近の生き残りの人たちから聴きとりを行なったエドワード・ベアも、この疑問については、あいまいにしか語ってくれようとしない。中国人の羞恥心——共産中国における羞恥心はいうまでもない——は多くの場合、この「ニューズウィーク」誌の名声赫々たる記者の質問に率直に答えることをはばんだ。ベアがなぜ溥儀には子がなかったのかとたずねたとき、溥傑は「皇帝には生物学的に子をなす能力がなかったのです」とだけ答えてくれた。当時八五歳の老齢であり、溥儀に給仕して存命の二人の宦官のうちの一人だったサン・タオは、まずは口を閉ざしていたが、ついにこうもらした。「陛下はおよそ三月にひとたび、寝部屋にお出ましになり、一夜をおすごしになられました」

「で、それで?」ベアはくい下がった。

「陛下は翌朝の早いうちに、お部屋から出られました。それからその日はずっと、ひどくご機嫌斜めにあらせられました」

†

そしてここに、たった一四歳だった「哀れな第二夫人」の話がある。溥儀の自伝中には、文繡は登場しないも同然である。影の存在、彼女は当時からそうであり、それにとどまった。

ほとんどの時間、見捨てられ退屈なまま、ただ部屋にほうっておかれたこの妻にも、ただ一つの慰めはあった。それは、結婚式のまさにその晩、紫禁城に到着したときに、皇室の婚礼のためにしつらえられた見たこともない絢爛さの前に、目もくらみながら身を置いたということだった。文繍は、自分が清朝皇后の称号を受けたことを忘れはしなかった。夫よりもはるかに、彼女は皇后としての完全な権利をもつことを夢見た。すなわち、中華帝国の皇后だ。

だからこれ以後、溥儀に復位の夢を吹きこんだのは、文繍だった。彼女こそが、現実など度外視して、溥儀にふたたび玉座をとりもどすよう力づけたのである。中国はいまや、一九世紀のイタリアについてメッテルニヒ［一九世紀前半のオーストリアの外相・宰相であり、ナポレオン没落後のウィーン会議体制を主導した。一八四八年の西欧諸国の革命による失脚後も、現実主義者として新生ヨーロッパの安定のために暗躍した］が述べたのと同様に、たんなる地理学的呼称でしかなかった。ようやく南中国だけが、孫文の権威でもって、また一九二五年におけるその死後は、彼の義理の弟となった蒋介石［宋一族を通じての関係。宋慶齢は孫文の妻、妹の宋美齢は蒋介石の妻］のもとに、見かけ倒しの秩序を保っていた。北中国は、軍閥たち――軍人というより匪賊――の手に陥《お》ち、彼らは極悪な武装勢力として、恐怖でその縄張りを支配していた。ひとり、農民出身で容貌魁偉な馮玉祥《ふうぎょくしょう》［辛亥革命後はおおむね国民党側の軍人としてふるまうが、蒋介石とも対立したりする］のみが、かなりの規律をもって部下を支配しようとしていた。プロテスタントに改宗したため、「クリスチャン・ジェネラル」と称された彼は、配下の者どももそれにならうよう望んだ。それで彼は、麾下《きか》の軍勢全体に、消防のホースで洗礼をほどこしたものだった。

この馮玉祥こそが、新米皇后とその夫の幻想に引導を渡した人間だった。この軍閥将軍は北京に進軍して占領し、民国大総統［当時は賄選総統と称された曹錕。この時期の北中国の情勢は、歴史上の中国分裂時代にみられるのと同様の、混沌と混乱のきわみである］とその政府を辞職させてしまった［北京政変］。彼は北中国の盟主となったのである。

皇帝をどうするか。馮は気にかけもしなかった。彼は、皇帝にかんする新規定を交付した。それによると、皇帝の地位は、「今後永久に廃止される」。溥儀は「中華民国国民と同等の権利を行使でき」、清朝の公有財産は国家の所有に帰することになる。私有財産は保持される。前皇族は、総額五〇万元の歳費を受けとれる、となった。

「キリスト教将軍」の使者が、紫禁城を訪れた。使者はまどろっこしい言い方をせず、ずばりと述べた。皇族は、故宮から退去せよ。三時間の猶予をあたえる。それ以上は認めない。

定められた刻限に、溥儀と二人の夫人は、軍用自動車に乗りこんだ。馮玉祥の使者も一緒だった。興味深い会話がかわされた。

「溥儀さん《プーイー先生》、あなたは将来皇帝になられますか、それとも一市民になりたいですか？」

「今日より以後、われは一市民となりたい」

「結構ですな。そういうことなら、お護りいたします」

「じつはもう長年、こんな優遇措置などに意味はないと、われは思っていたのだ。取り消されて、いっそ幸福であるよ。帝位に、自由などはなかったのだ。好き勝手にさせてもらいたい、それだけだ」

溥儀は、キリスト教将軍の保証などに、なんの信頼も置いてはいなかった。ジョンストンの助言にしたがって、溥儀は日本公使館に逃げこんだ［ここにいたるまでは、国際政治がらみのたいへんな事情がある。ただ、エドワード・ベアによれば、ジョンストンは日本びいきであったという］。そこでは——だれにも悟られずに——、支持者たちが謁見を求め、そして彼は皇帝として接見できるのだった。

溥儀は、日一日と西洋風になっていった。最高の仕立屋の洋服を身につけた。英国ものへの崇拝熱で——ジョンストンのおかげだ——、いまや彼は、みずからをヘンリーとよばせるように望んだが、それは彼があまたのイギリス王のなかでも、ヘンリー八世をもっとも崇敬していたからだった。婉容については、エリザベスだ。それは、大女王エリザベス一世にちなんでのことだった。若き皇帝夫妻のあいだには、いつもほとんど確信をもって、こんな会話がかわされた。きっと復位できるだろうよ。革命がわれらを紫禁城から追い出したのなら、別の革命がまた、その扉を開けてくれないでもないじゃないか。

ある晩、溥儀は日本公使館から逃げ出した。彼は自転車に乗って、用心などおかまいなしに故宮の近くまで行ってきたのだった。「わたしは、空にそびえる城壁に見とれ、養心殿や乾清宮を思い起こした。わたしの玉座を考え、わたしのみの禁色であるあの黄色をありありと観た。復仇の望みは心にあふれ、目は涙にくもり、そして心に誓った。わたしの祖宗のように、いつの日か征服者としてここに戻らんことを」

何年ものあいだ、溥儀はこの幻想の計画を心に温めつづけた。そしてその夢が、彼を破滅に導くのである。

†

北京の日本公使館すら、もうあまり頼りにはならなかった。どうしたものか。ここで、日本人がしゃしゃり出てくる。今後は何年にもわたって、彼らが溥儀の行く先々についてまわるのである。彼らは、この最後の中国皇帝に、長いあいだ着目してきた。つまり、あるいは溥儀が日本の拡張政策の切り札になりはしないか、というのである。

一八九四年から一八九五年の日清戦争における勝利、さらにはそれを上まわる一九〇四年から一九〇五年にかけての日露戦争の勝利によって、日本は台湾のみならず朝鮮［一八九七年からは大韓、一九一〇年に日韓併合］を植民地化し、満州における支配的地位を獲得した。

ジョンストンは、その生徒に対して、日本人の質の高さをほめちぎった。彼は、この「ミカドの帝国」は、まさに極東の大英帝国であると、くりかえして言うのだった。この混迷の中国に対して、あの日本の秩序立っていることはどうです、と百万遍を唱えた。どうして溥儀が日本のことを忘れられるだろうか。そこはエンペラーが統治している国なのだ。あらまほしい君主、彼のモデルが、そこにはある。

たいそうな配慮と慎重さとをもって、日本公使は溥儀に、新たな脱出先を見つけてくれた。私服の日本警察官に護衛されて、溥儀は北京を離れ、天津の日本租界へと出発した。

皇后と淑妃が合流するのも、自然ななりゆきだった。

天津では、東洋と西洋とが衝突することなく混じりあっていた。そこは、人口一四〇万の大都市だった。二つの邸宅が、次々に溥儀を受け入れることになった。最初は張園、そしてのちには静園であったが、彼はむしろ「行宮《あんぐう》［臨時宮廷］」――うまい言いまわしだ――と呼んだ。溥儀はこの落ち着き先で、ひどくぜいたくな暮らしを送った。外国の銀行に預けた彼の資産は、いまだおびただしいものだった。中国北西部に所有する不動産からの所得を受けとり、もし必要なときには、持ってくることのできた美術品の一つも売り飛ばせばよかった。不幸にも、紫禁城では、経済的才覚などまるきり身につけることはできなかった。湯水のごとくに金を使ううちに、さすがの富も無尽蔵とはいかなくなった。中国の前の皇帝が、晦日《みそか》の勘定にときどき困るようになったのである。

天津では、溥儀は一種の寵児となった。街で最上のクラブに出入りすれば、最高の社交界が、皇帝陛下とお呼びして身をかがめた。彼はゴルフをし、馬に乗り、ポロをするのだった。イギリスから純血馬をとりよせて、競技に出た。夜になれば、西洋系のホテルで、超一流の仕立てのタキシードを着た皇帝を見かけた。彼は片手に飲み物を持ちながら、ジャズの楽団を批評するのだった。ときには皇后を、またときには淑妃を、あるいはその二人をともに同伴することもあった。だがもっともよく見かけるのは、彼が誘った見知らぬ女性の姿だった。ある目撃者の証言によれば、「彼はあきらかに喜々として、そして優雅に踊っていた」[5]

これが溥儀に高くつかないはずはない。どんな浮気心も、ただちにエリザベス〔皇后婉容の英名ニックネーム〕と淑妃文繍の不満を、ただちにひき起こしたはずだからだ。紫禁城に暮らしたときには別々の部屋に住んでいたこの二人は、この亡命生活では隣りあわなければならなかった。淑妃の文繍は、ますますその悲運を耐えしのばねばならなくなった。溥儀がお呼ばれのとき、皇后も招かれるが、文繍が招待されることは一度もなかった。故宮ではすくなくとも側室であったが、ここ天津ではただの愛人扱いされるのには、がまんがならなかった。そこで彼女は、北京では考えもしなかったことを実行に移した。すなわち、離婚である。よき君主として、溥儀はそれに同意した。ここでまたも、みずからの過ちを認める溥儀の律義さを賞賛しないわけにはいかない。「もし一人の妻しか持っていなかったとしよう。それでも妻がわたしとの暮らしに満足することはなかっただろう。なぜなら、そのわたしの人生とは、ただ一つの特別な目的にのみ捧げられていたからである。すなわち、統治することである。率直にいって、わたしは、愛についてなにも知らなかった。ほかの夫婦ならば、すくなくとも愛情面で夫と妻は対等であるだろうが、わたしにとっては、第一夫人も第二夫人も、主人の道具である奴隷でしかなかった」

離婚の調停は、文繍に慰謝料として五万元の扶養手当を支給するというものだったが、彼女がそうした大金を手にすることはなかった。彼女の実家と弁護士が、自分たちは上位債権者であると考え、上前をはねたからだ。その後、彼女は再婚することはなかった〔という条件だった。また身分も平民に戻された］。一九五〇年［一九五三年説もある］に亡くなったとき――奇しくも「漢奸」となったその前夫が故国へ戻った年に――彼女は教師の職についていた。

†

統治する、それはよい。だが、どのようにして？　溥儀は、ある軍閥との会見を受け入れた。それは満州を支配する張作霖で、天津まで溥儀に会いに来て、清朝の旧宮があるムクデン［満州語名。清朝時代の漢名は奉天。中華民国時代と現在の瀋陽、満州国時代はその旧名を復活させて奉天。再掲］で歓待すると申し出た。だが溥儀が求めていたのは、避難所ではなかった。「わたしに必要だったのは、ただ玉座だけだ」。だがそれを言い出すのはさすがに口はばったかった」。この二人は、なにも決定することなしに会談を終えた。このことで、張作霖は、日本人の不信をかった。張の特別列車は、ムクデン近郊で爆破された。もちろん彼ももろともだった［一九二八年、張作霖爆殺事件］。

そのころ、そろそろ軍閥時代も、終わりを告げていた。国民党政府は変わらずに広東を支配しており、中国中央部と北部の秩序を回復しようと決意していた［北伐］。政府は孫文の義弟である蒋介石に五万の兵の指揮権を預けた。彼は筋金入りの兵士だった。中国の保定軍官学校の生徒だった蒋介石は、日本軍でも勤務したことがあった［日本陸軍士官候補生］。蒋はソヴィエト・ロシアに四か月滞在した後［一九二三年の国共合作時代、「孫逸仙博士代表団」の一員として赤軍組織論を研究、「赤い将軍」とも呼ばれた〕、広州に新たに黄埔軍官学校を創設し、初代校長となった。

時はいたり、蔣介石は北中国へ進軍した。まず漢口〔武漢〕を占領、次いで上海、そして南京を手中におさめた。軍閥を撃破する一方、彼は共産党一派も攻撃するようになった。そうして一九二八年六月八日、蔣介石は北京に入城した。中国の再統一までには、わずか二年だった。国民党と政府の主席となり、彼は直前まで合作していた共産党との縁を完全に切った〔上海クーデター。この前後の時系列は錯綜する〕。その共産党は、農村において、小売商と疲弊していた農民たちを基盤として、確固たる立場を獲得していた。彼らの政治指導者はあの毛沢東であり、また軍事指導者の名は、周恩来といった。蔣介石の攻撃からのがれるため、彼らは外モンゴルに近い、はるか遠方まで逃避行をすることに決めた〔一九三四―一九三六年、南中国瑞金から北西中国延安までの大まわりの西遷〕。この叙事詩を「長征」とよぶ。一万キロメートル余におよぶ、一八の山脈を越え、二五本の河を渡る大行程だった。

世界の列強は、蔣介石の力を認めた。中国は、ふたたび国際社会のなかでその位置を占めたのである。もちろん、中国人として、溥儀にもそのことは喜ばしかった。だが、皇位をあいかわらず切望する者にとっては絶望的状況だった。

いまさら溥儀の北京への還御を、だれが求めよう。その復位を望むものなどがあるか。もはや考えられもしなかった。ただの清朝最後の生き残りなのだ。

なんの期待もしていなかった彼のところに、驚天動地の提案が舞いこんだ。どうですか、新たに皇帝になってはみませんか？

†

日本人たちは、溥儀が満州王朝［つまり中華王朝である明を継承した満州族後金王国—清帝国］の後継者であることを、決して忘れてはいなかった。じつは、彼らは満州の故地に、新たな国家を建設したところだったのだ。それは、満州国［現代中国では偽満州国とよぶ。一九三二—一九四五］である。もちろんそれは、東京政府の衛星的存在でしかなかった。ほとんどあからさまなその存在意義は、日本経済に決定的に不足している資源を供給することにあった。

満州国の実態について思い違いをしているような国は、世界のどこにもなかった。すぐさま、それはこうよばれた。傀儡国家。日本人に、それが気に入るはずもなかった。そこで、このアイデアがひねり出されたのだ。溥儀を利用しない手はないだろう、満洲皇帝の継承者なのだから。

溥儀が夢見ていたのは、別の玉座ではあったのは確かだ。だが、北京がだめである以上、満洲でも悪くないかもしれない。幼時の彼をとりまいていた、あの盛儀を慣例どおりに戻すのだ。彼は、父祖代々の主君の後継者が現われたことに感激した民衆の歓呼に包まれる自分を、まのあたりに想像した。

ただひとり、このアイデアに危惧を表明したのは、エリザベスだった。つまり皇后婉容だ。だが女人の意見などに、何ほどのものがあろうか！　溥儀は、日本人の提案を受け入れた。

†

一九三一年の年末に、溥儀は天津の租界を離れ、旅順にたどり着いた。彼は、自分は満洲の歴史的故都である奉天《ムクデン》で暮らすものだと思っていた。だが日本人の考えは違った。溥儀はそれより北の長春に住む、と決められた。溥儀にしてみれば、皇帝はあらゆる意思を強いることができるはずだった。だが実際の主人は日本人であることに彼が気づくまで、数日しかかからなかった。あまつさえ、彼は皇帝でもなく、「執政閣下」なのであると知った。溥儀は抗議したが、周囲は美辞麗句で彼をなだめた。かならず皇帝陛下になられます、それはお約束いたします。

日本人は、嘘はつかなかった。満州国建国を承認しなかった国際連盟を脱退した日本は、挑発によって対抗した。新国家として、帝国を宣言したのだ。一九三四年三月一日、溥儀は康徳帝の称号のもとに、満洲帝国皇帝に即位した。龍袍［龍の姿をちりばめた清朝皇帝の伝統的式服］を身にまとい、市街の東に設けられた祭壇で、彼は即位を宣言した［これは祖宗への報告儀礼である告天礼で、正式の即位式ではなかった］。その後で、急ごしらえの帝宮に戻った。そこでは、彼は日本人の指令で、日本の軍服のそっくり真似である「大総帥服」を着させられたのだった。

その翌年、溥儀は公式に東京を訪れた。東京市民たちは、同じ軍服を着て、同族であるかのように見える二人の皇帝［昭和天皇と康徳皇帝］に、歓呼の声を上げた。だが残念ながら、ひとりはもうひとりの安手のコピーでしかなかったのだ。

日に日に、日本の圧力はいや増した。溥儀の顧問は全員日本人であり、また大臣たちも日本に買収されていた。一挙手一投足一語たりとも、日本のコントロールなしではなかった。しかし彼は同意した。それでも皇帝だった。

だが、エリザベスはそうではなかった。彼女は中国人の侍女をとりあげられた。お付きの人間は、部屋係まですべて日本人だった。彼女は夫に対して、こんな事態に抵抗するように、そしていま、どれほどまでに身を落ちぶれさせているか理解するように懇願した。溥儀は、皇后を冷然と見つめた。自分のほうが確かだ。この女は、どうかしたのだ。なぜ彼女は、皇后であるならしみじみと感じるべき幸福に気づかないのだろうか？

エリザベスはこの町から脱出したいと思い、何度か外部と連絡をとった。だがその試みは失敗に終わった。彼女は絶望して帝宮に戻り、ほどなくしてアヘンにおぼれはじめた。その量は増えるばかりだった。そうして、回復不能なアヘン中毒におちいっていった。

溥儀は彼女を遠ざけたかった。彼は「復讐」のため――これも彼一流のやり方――に、新たな側室を迎えることにした。譚玉齢といって、当時一七歳の、由緒ある満洲旗人の一族であった。興味深いことに、溥儀は少しずつ真の愛情をいだくようになったらしい。人生ではじめて、彼は一人の女性というものに愛着を認めたのであった［溥儀は、譚玉齢とは「よく話した」と『わが半生』のなかで述べているが、一方では「名ばかりの妻」とも言っている。譚玉齢は一九四二年に早世するが、その死因については、溥儀自身も日本の陰謀ではないかと疑っている。日本は、日本人の側室をもたせたかったというのである」。

一九三七年に、日本は中国との戦争に突入した。その常軌を逸した拡張政策には、もはや際限がなかった。中国人である溥儀は、抵抗しようとしただろうか。彼は、自分が君臨する国を隷属させようと望む日本と、距離を置こうとしただろうか。いや、なにもしなかった。それどころか、熱心にその後を追いかけたのだ。日本が北京を奪取すると、溥儀は日本が彼をその地に呼びよせること、そして満州国の帝位を中国の玉座に取り換えてくれることを、満腔より望んだのだった。だが日本人たちは、溥儀をまったく無視していた。彼らが北京に設立したのは、雇われ中国人で作った共和国だったのだ。

中国は、粘り強く抵抗を続けた。戦いは残虐なものになった。中国の町を占領したというニュースが満州国にとどくたびに、溥儀は——そう命じられていた——直立不動の姿勢で、戦場の方向に最敬礼しなければならなかった。

第二次世界大戦がはじまると、溥儀は帝宮のなかの囚人となった。先ごろまで日本は「厚情」ゆえに、彼に表向きは敬意を表していた。だがもう、そんな暇はなかった。事実上の主人たちからは、彼はもはや軽視されるだけだった。義務として溥儀は、毎月、建国神廟に出かけ、天照大神に向かって日本の勝利を願わなければならなかった。

一九四二年には、中国への愛惜と日本への敵意を隠しもしなかった、うら若き譚玉齢が病に倒れた。すぐさま日本は、日本人の医師を派遣した。溥儀はのちに、この医者が若い側室を意図的に死に追いやったのだと確言している。

陰険にも、日本人は皇帝に弔意を表すのと時を置かずに、再婚を勧めてきた。相手は若い日本女性で、じつに危険なことだった。ここではじめて、溥儀は抵抗した。支配者たちはこだわらず、若い中国女性たちを提案した。もちろん、彼女らは日本の学校［新京（長春）の南嶺女子優級国民学校］で教育されてきていた。溥儀は譲歩した。こうして彼は、一六歳の女学生である李玉琴を迎えたのである。

退屈しのぎに、溥儀は決まって侍従たちを鞭打たせた。いまとなっては、彼が自由にできるのは彼らだけだった。なかでも一〇歳から一二歳の孤児［『わが半生』によれば、日本軍に殺された中国人の子どもたちで、新京の傀儡慈善団体から帝宮が引きとり、下働きの労働をさせていた］たちがいて、彼らの背中には終生、鞭の傷跡が残った。

一九四六年には、溥儀は明言している。「わたしが苦しんできた抑圧は、想像を超えている」と。抑圧されたことは明らかだろう。だが、そのなかで、彼はほんとうに苦しんだのだろうか。皇帝であったということを思い起こすだけで、彼は慰めを得ることができた。

†

日本は、太平洋におけるすべての根拠地を失った。もはや終幕だった。広島には原爆が投下された。大日本帝国は崩壊した。ソ連も宣戦を布告した。

一九四五年八月一六日［日本敗戦の翌日］、日本人は溥儀に対して、翌日東京へ出発すると通知した。飛行機が一機用意されたが、あまりに小さかった［通化（当時の満州国の首都）において。ここまでの溥儀一行の新京（長春）からの避難行は複雑。別れの場面は大栗子溝という場所。そこに女子を置いて、溥儀は通化に戻る］。それで溥儀は、弟の溥傑と、義理の弟二人、甥三人、医者を一人と、忠実な召使の李をともなうことにした。夫人たちは、問題にもならなかった。皇后は――夫のもとによびよせられていた――、余命は何か月もなかったし［共産軍に逮捕されたのち、一九四六年六月にアヘン中毒で狂死した。その地も遺骨も不明］、もはや抗議する力もつきていた。側室の李玉琴は泣きじゃくって、前皇帝――またも退位したばかりだった――につきしたがうことを懇願した。

「飛行機が小さすぎるのだよ」と、溥儀は答えた。「汽車に乗っておいで」

「でも汽車が来なかったら？　ここにはだれも知りあいもおりません」

「だいじょうぶだ」

それっきり、溥儀は彼女に会わなかった。飛行機は奉天《ムクデン》まで飛び、そこで別の機にのりかえる予定だった。溥儀は、ほかの者たちとともに、空港の一室で待った。だがこの部屋の扉は乱暴に破られた。着陸したばかりのソヴィエトの空挺部隊による突入だった。かつての中国皇帝かつ満州国皇帝は、ロシア人の手に落ちた。その翌日の八月一八日、溥儀は予定どおり機上の人となったのだが、あにはからんや、その行先はソ連だったのだ。

恐怖が、日本に追従しようとしたこの人物を、腹の底までわしづかみにした。ソヴィエト・ロシアを統治していたのは、なんといっても、スターリンだった。世界にその無慈悲を知られる独裁者だったのだ。そんな男が、満洲と中国を蹂躙した日本に対して抗議すらしなかった者を許したりするだろうか？　着陸したとたんに、前皇帝は、銃殺隊の前に引き出されるにちがいない。ついに飛行機はシベリア［チタ］に降り立ち、そこで出迎えたソ連軍司令官は――驚いたことに！――、溥儀に、ごゆっくりご滞在をと言ったのだった。司令官は彼に、保養所で何不自由なくすごせることを告げた。

「この地は、鉱泉で有名なのですよ」と司令官は自慢した。「飲むには最適で、しかも健康にもすばらしくよい効果があります」

溥儀とその一行――一族はみな「顧問」としてつきしたがった――は、五年間をシベリアですごし、しかもきわめてよい扱いを受けた。ただ、前皇帝の保養所暮らしに、一回だけ中断があった。彼は一九四六年、戦犯を裁く極東軍事法廷［東京裁判］に証人として召喚されたのだ。ル・モンド紙によれば、溥儀はみずからの証言のなかで、「荒々しく、憤激し、雄弁で、皮肉であり、なによりも反日的だった」という。彼は、いったいなにを言明したのか？　彼が帝位を受けたのは、「ひそかに日本に対するレジスタンス運動を組織して、やがて来たるべき日に、奪われた地を中国にとりもどすためであった」というのである。これはもはや、ほとんど破廉恥な虚偽である。だがこれは、溥儀が自分にのしかかる脅威、つまりほかの戦犯と同じ被告席に座らされる事態からのがれるためには効果的だった。彼はシベリアに戻ることができた。

一九五〇年二月四日、毛沢東はモスクワにおもむき、スターリンとのあいだに、「中ソ友好同盟相互援助条約」を結んだ。もしスターリンが、手札に溥儀とその仲間をにぎっておくことでなんらかの下心をいだいていたとしても——ありうる話だ——、共産中国との望ましい関係の進展によって無用となった。囚人たちは中国政府に引き渡されることに決まった。

国境で、溥儀がソヴィエトから中国当局に引き渡されたとき、中国人は小包であるかのように受領証にしたためた。「戦犯一名引きとり。名前、溥儀」と。

†

撫順監獄での九年が経過した。それは再教育の九年であった。溥儀に、罪業を自覚させるためのものであった。「生まれ変わった人間」として作り上げるためであった。

いかなる虐待も、彼は受けなかった。ただ溥儀をもっとも苦しめたのは、ほかの囚人と同等の身に落とされたことであった。彼は、自分で服を着ることも知らなかった。ずっとこのかた、歯を磨くとなれば、お付きの者が歯磨き粉をつけた歯刷子を手もとに差し出してきたのだった。彼はいつも給仕されていた。靴ひもの結び方すらわからなかった。そこから学ばなければならなかった。レーニンと毛の教えにしたがって、善悪を区別することを覚えねばならなかったのだ。

溥儀は、よい生徒だった。この従順なる人材が進化することこそ、再教育者が待ち望んでいたものだった。彼は莫大な価値の宝石を隠していた。もし解放されたら、アメリカへ出発し、その宝石でゆとりのある安楽な生活を送るつもりだった。溥儀がその宝石を自発的に看守に差し出したとき、当局はこれで決定的に「回心」したと認めた。だがじつは、溥儀は、刑務所のなかの全員が、宝石の存在について知っているということを警告されていたのだ。

一九五九年一二月四日、溥儀は一人の中国人民として、ほかの三二人の仲間とともに釈放された。彼らのなかには、国民党の将軍たちも多数混じっていたが、彼らもまた完全に再教育が終わっていた［中華人民共和国建国一〇周年を祝賀した特赦令による］。

周恩来の権力は強かった。奇妙にも彼は、元皇帝の運命に関心をいだいていた。周は溥儀を招き、もてなした。つねに目を離さなかった。おそらく、植物研究所の助手に任命され庇護されたのも、周の差し金であっただろう。最後の天子は、木や花の世話をして日々をすごすことになったのだ。

周恩来がなぜそうしたかは、説明できる。ほどなく溥儀は、回想記を書くようにうながされた。それは真実の告白となるべきで、党公認の編集者がひとりつけられた。ここに『わが半生』が世に出たのである。彼はまたしても、彼の第二の性格になった従順さを発揮したのである。

一九六二年、溥儀は同房だった囚人の親戚にあたる四〇歳の看護婦と、これで五回目になる結婚をした。二人は北京の中心部に、二部屋からなるアパートをあたえられた。この溥儀の最後の妻を知る者の言によれば、彼女は気性が荒く、性格の悪い女だったという。溥儀は、彼女の怒りを頭を下げてやりすごした。もっとも従順な皇帝は、もっともへりくだった夫にもなったわけである。

著書の出版後、溥儀は有名になった。前年には、記者会見も開いていた。中国政府は、溥儀が庭師以上のことで利用できるとふんだ。彼は中国人民政治協商会議の文史資料研究委員会専門委員となった。ほんとうのことをいえば、彼自身の回想も、歴史資料となっていた。だれもが、溥儀が故宮の文物を研究し分類していることを知って感心した。当然だろう。「彼の」文物だったのだから。

ではわれわれは、溥儀がその人生にわたって犯してきた、数多い一連の過ちと罪について、真に自覚していたと信じてよいのだろうか。むずかしいところだ。彼のかつての召使で、監獄時代もともにし、その後北京に在住していた李は、溥儀の著書は、彼の真実の感情とはまったくかかわりがないと断言している。

「より謙遜しようとして、溥儀は自分の実像よりも、ずっとみずからを悪く、右も左もわからぬかのように描写しています」

李はまた、釈放された溥儀が北京に来て、李のもとを訪れたときのことを思い出す。

「彼はじつに謙譲な態度で、少しばかり汚れたわたしの外套のほこりをはらいました。すべてはお体裁でした。溥儀はそれほどまでにしても、自分がいかに変わったかを人に見せたかったのですが、実際は相も変わらず、なにもかも承知の上で、与えられた役柄を演じていたのです[6]」

一九六四年、溥儀には癌の最初の兆候があらわれ、その三年後、文化大革命のただなかに、彼は没した。北京の病院はどこも満床だったが、溥儀は個室をあたえられ、優遇された。周恩来の力だった。

とはいえ、紅衛兵たちが病院に乱入し、瀕死の床の病人を一般病室へ追いやるのを防ぐことはできなかった。紅衛兵たちが立ち去るやいなや、激怒した周恩来から電話があり、溥儀はもとの病室に戻ることができた。

だが、周恩来自身の権力もゆらいでいた。彼は、病院の責任者たちに勧告した。「溥儀を大切に扱うように」と。苛烈な紅衛兵と、政治的立場のあやうい周恩来の板ばさみとなった責任者たちは、どうしていいかわからなかった。

いい加減、このやっかいな患者に死んでもらわねば困る。溥儀はさからうことなく、息を引きとった。

従順に。

〈原注〉

1　Arnaud d'Antin de Vaillac : *Pou-yi, le dernier empereur de Chine*（溥儀、中国最後の皇帝）、一九八〇年。

2 Pou-yi : *J'étais empereur de Chine* (1975). 溥儀『わたしは中国皇帝だった』〔邦訳『わが半生――「満州国」皇帝の自伝』（上・下。小野忍・新島淳良・野原四郎訳、筑摩書房、一九七七年）、『わが半生――「満州国」皇帝の自伝』（上・下。小野忍・新島淳良・野原四郎、丸山昇訳、筑摩書房、一九九二年）。またこの前後の原文は、おそらく、エドワード・ベア『ラスト・エンペラー』（田中昌太郎訳、早川書房、一九八七年）をも、かなり参照している。要はこの小伝のほとんどは、『わが半生』と『ラスト・エンペラー』に依拠している。以下同様〕

3 Edward Behr : *Pou-yi, le dernier empereur* (1987) エドワード・ベア『最後の皇帝、溥儀』〔邦訳前掲書『ラスト・エンペラー』。ただし本章では田中訳を使わず、フランス語より直訳、以下同様〕より引用。

4 Edward Behr、前掲書。〔なおここまで、またこれ以降の直接／間接引用部分は、エドワード・ベア『ラスト・エンペラー』一一五ページ以降の随所に訳出されているが、本章ではフランス語から直訳した〕

5 D. M. B. Collier et C. L'Estrange による。〔Amazon フランスのデータによれば、D. M. B. Collier et Lt-Colonel C. l'Estrange Malone, *Le mandchoukouo*, Payot, Paris, 1938 が原本。現在入手不能につき、日本では原文検証不能。また部分的には、前掲書『わが半生』上（一九七七年）にも、そのぜいたくな暮らしぶりと女性同伴のことは、二五九ページに告白されている。なおエドワード・ベアが引用するやくざ者の英人記者で天津時代の溥儀の太鼓持だったウッドヘッドによれば、溥儀の天津でのスポーツは、テニス、スケート、ドライブである〕

6 Edward Behr、前掲書。

8 ハイレ・セラシエ一世（一八九二—一九七五）「王のなかの王」の悲劇

時はド・ゴール将軍が他界した直後のことである。彼の遺志によって、遺体はひっそりとコロンベ＝レ＝ドゥ＝ゼグリーズの小さな墓地へと運ばれた。だが、フランスのみならず世界中の人々が集まる荘厳な追悼式は、かれこれ八世紀にわたって、フランスの歴史上もっとも有名な出来事を目撃してきたノートルダム寺院で行なわれることになった。共和制の国々の大統領、最後の国王となった者、独裁者、民主主義者——世界中からありとあらゆる人々がやってきた。内陣の前で、参列者は公式儀礼にしたがって、影響力の大きさの順ではなく、権力の座についた日付順にならんでいた。

したがって、アメリカのニクソン大統領よりも、ソ連の最高会議幹部会議長をつとめたポドゴルヌイよりも前の席、それどころか最前列の中央に席を占めることになったのは黒い肌をした小柄の男性だった。西洋諸国では彼のことを「ネグス」〔王の意〕とよんでいたとはいえ、その肩書きは華々しいものであった。エチオピア皇帝、ユダの獅子〔エチオピア皇帝の象徴の由来となった、旧約聖書に登場するユダ族の象徴。エチオピア帝国旗の図案にもなっていた〕、神に選ばれし者、三位一体の力、王のなかの王…。一九一六年に摂政になり、一九二八年に王になり、一九三〇年に皇帝となったこの男性は、だれよりも権力の座についた期間が長かったのだ。

†

エチオピア――この「忘れられた」国の位置を地図で正確にさししめすことができる一〇歳の小学生はそうはいないだろう。一九七〇年から八〇年代にかけての情け容赦ない暴政によって、この国について新聞やニュース番組では報道されなくなっていた。国境が閉鎖状態で、だれも行かなくなっていたからだ。ぽつりぽつりと人道支援が行なわれると、ようやくエチオピアという名前を思い出す程度だった。フランスの倍の大きさを誇るこの国が、もはや存在していないかのような扱いであった。

だが、わたしの世代が子どもだった頃、つまり一九三〇年代、エチオピアは当時を象徴する国だった。子どもであっても、アフリカのこの国とイタリアとのあいだで大々的な戦争が勃発したことは知っていた。わたしたち子どもは、迷うことなく、攻撃を受けている側についたものだ。

そして最後の最後まで、ありとあらゆる理屈に反して、ネグスの戦士がムッソリーニの兵士に勝てると信じたのである。やり手の玩具業者は、新商品として鉛でできたおもちゃのエチオピア兵を売り出していた。その兵隊は、子ども部屋にあったナポレオン時代の擲弾《てきだん》兵や第一次世界大戦を戦った兵士たちに合流することになった。横一列にならべられて戦闘態勢に入ったエチオピアの兵隊には威厳があった。足首でしまったタイトなズボンの上に、ゆらゆらとはためく白いトーガのような一枚布を上半身にまとった兵士たちの姿は、いまでも目に浮かぶ。長い槍や、なかにはライフルをふりかざした兵隊の決意は、わたしたちの目にはまぎれもなくはっきりと映っていた。戦場は彼らの国であるし、正義は彼らの側にあるのだから、エチオピア兵士たちはイタリア人など簡単に蹴ちらせると思っていた。イタリア軍のトラックや戦車は、自分たちが読んでいた新聞によれば通行不能の道にはばまれているか、あるいは標高三〇〇〇メートルもの高さまでつらなる山々のなかでまごついているはずだった。これこそまさに本物の峡谷というべき谷間の切り立った断層や、「アムバ」とよばれる自然の要塞を形づくる台地や、紅海やインド洋に面した世界でも有数の灼熱地帯である砂漠の海岸について書かれているものを、わたしたちはむさぼるように読んだ。これほど自然条件が厳しい国に暮らしているのだから、エチオピアの戦士たちが勇猛であるのは当然で、彼らはこのおそるべき対決を有利に進めるだろう、と思っていたのだ。

この頃はまだ、わたしたち子どもは、正当な大義があればかならず勝利をおさめると信じていた。エチオピア戦争はそうしたわたしたちの幻想をはじめて打ちくだいた出来事となった。そしてあるとき、埃《ほこり》まみれになったエチオピアの戦士たちを引き出しのなかにしまったのである。だが、わたしたちは彼らの最高司令官だったハイレ・セラシエを決して忘れることはなかった。

ネグスとよばれた男のことを。

†

いまから三〇〇〇年前のこと、イスラエルの王ソロモンはシェバの女王マケダと出会った。二人は愛しあった結果、生まれた息子が王朝の始祖となった。ハイレ・セラシエ一世はその王朝の最後の跡継ぎである。いやはや三〇〇〇年も続いた王朝とはおそれ入るかぎりだが、ともかくエチオピア人もハイレ・セラシエもそう信じていたのだ。

歴史家たちがその説よりも確かだとしてみなしているのが、アラビア半島から来た民族が、やがてエチオピアとなるこの地域に入植し、言語と政体をもたらしたという説である「アクスム王国。歴代の王が、まさにソロモンとシェバの女王の子孫だと正当性を主張していた」。その人々は、世界ではじめてニカイアで開催された三二五年のキリスト教の公会議からたった数年で改宗した。つまり、ハイレ・セラシエの先祖はキリスト教を信仰していたのだ。「フランク族やブルクント族よりも一五〇年、アングロ＝サクソン族よりも二五〇年、ランゴバルド族よりも三〇〇年、ザクセン人よりも四五〇年前に信仰しており、ポーランド、ハンガリー、ロシアでキリスト教が浸透するよりも六五〇年も前のことだった[1]」。しかしながら、コプト正教会の流れをくむエチオピア正教会は、キリスト単性論を採用しているため、勢力を増すばかりのカトリック教会から孤立することになった。その後、アラブ人の侵攻があったために、さらにエチオピアの独自性に磨きがかかることになる。イスラム教に支配される危険から身を守るために、この国は文字どおり外界から閉じこもるほうを選んだ。中世を通じてずっとヨーロッパの人々は「プレスター・ジョンの王国」があると噂したが［イスラム勢力の強いアジア・アフリカのどこかに、キリスト教徒を保護し、布教に熱心な聖職者が王となった国があるという、一二世紀頃から噂されるようになった伝説］、それがどこにあるのかよくわかっていなかった。

西暦一〇〇〇年頃から二世紀半のあいだ、女族長グディット［アクスム王国に侵攻し遺跡を破壊し、その勢力をおとろえさせた］の子孫が王座についた。だが、その王朝［ザグウェ朝］も滅ぼされる番となった。エチオピア教会が聖人とみなした聖職者の主導により、エチオピアの古代王朝［アクスム王国］を代表する者［イクノ・アムラク］が奇跡的に発見され、一二六八年に王位についたのだ［ソロモン朝のはじまり］。この王から連なる子孫にあたるのが（今回は異論もなく）、ハイレ・セラシエである。[2]

ハイレ・セラシエは、自分の一族の歴史が三〇〇〇年もの昔にさかのぼるということを信じていた。ジュビリー宮殿の玉座の間に、エルサレムでのシェバの女王とソロモン王の出会いをテーマに描かれたタペストリーを喜んで飾って見せていた。伝説から生まれ、悲劇に終わる彼の運命を導いたのは、まさにこの確信であった。

†

一八八九年一一月三日、すでにショア地方の王であったソロモン朝の分家の長が、メネリク二世という名で皇帝に即位した、と宣言された。彼のもとで栄光の時代が続くことになる。国土の南と南東にあった地域を征服したメネリクは、エチオピアに侵出しようとしたイタリアの画策にみごとに対抗してみせたのだ。アドゥワでのイタリア軍に対する勝利は、以来エチオピア帝国の祝日の一つになる。一八九二年七月二三日、タファリ・マコンネンが生まれたとき、いとこの子でしかない彼がメネリクの跡継ぎになるとはだれひとりとして思いもしなかった。だが、のちにこの男こそが皇帝ハイレ・セラシエ一世になるのである。

タファリは父マコンネン侯が首長だったハラール地方で育った。エチオピア南東部、そしてフランス領だったジブチの南にあたる当時のハラール地方は、アデン湾まで角がつき出した形をした一帯にあり、ただ砂漠が広がりオアシスもないに等しい土地であった。そこに暮らす人々はいくつかの部族に分かれており、伝統的に羊飼いか軍人となった。だが、いずれの部族もある一つの特徴的な民族から派生している。肌の色は黒く、漆黒から明るめの色まで人によってさまざまだが、顔立ちにかんしてはまったくネグロイドらしくなく、むしろアラブ人やさらにはコーカソイドを連想させる。中心都市ハラールの周辺地域は、砂漠から一転してさわやかな風景が広がるようになり、水にも、さまざまな作物にも恵まれているのが見てとれる。畑ではコーヒーや、その地方の人々、とくにイエメン人が非常に好む覚醒作用のある薬草である「カート」が栽培されている。あるいは動物の群れが通りすぎていく。放牧はかなり採算がとれる生業だった。ハラールの町自体は緑におおわれており、当時三万五〇〇〇人の人口を数えた。紅海のほうからもインド洋の側からもキャラバン隊がたくさんやってくる、だれもがうらやましがる商業の中心地であった。

マコンネン侯が一八八七年にハラールをあたえられたのは、彼自身が武器を手にして、当時そこを不当に占領していたムスリムの首長から奪いとる形で征服したのがその理由である。メネリク二世が盛大にハラールの町に入場したとき、この城塞都市の五つの門と首長の宮殿はキリストの白い衣と磔刑の血を想起させる白と赤の旗で飾られた。

この宮殿で、若きタファリは、エチオピアの高位貴族たちが受けるべき伝統的な教育をほどこされた。語学、聖典、初歩的な兵法、歴史、法律を学んだ。彼の最初期の写真の一枚を見れば、そこには髪をうしろになでつけ、鷲鼻で思慮に満ちた大きな黒い瞳の持ち主が写っている。襟と胸もとには白い刺繍がついている暗色のチュニックを着た若い貴族の姿からは、威厳があふれているのと同時に一種の憂鬱さがただよっている。なぜだろうか？

マコンネン侯は、エチオピアの「ラス」とよばれる諸侯のなかではヨーロッパについてもっとも熟知した人物だった。メネリクは、彼をイタリア人との交渉の場に、のちにはイギリス王の戴冠式に、名代として送りこんだ。マコンネン侯はパリも訪問し、あきらかにフランス文化に魅了された。自分の息子がフランス語を勉強することを、強く望んだのだ。はじめはトーラン神父、それからジャロソー神父の二人のフランス人宣教師の提言によって任命されたカトリックの教師たちのおかげで、タファリはフランス語を流ちょうに話せるようになる。

一九〇六年、タファリが一四歳のときにその父親が亡くなった。皇帝が自分にハラール地方を継承させるのは当然のなりゆきだ、とタファリは考えていた。だが、皇帝はタファリの希望を認めなかった。驚き、がっかりしたタファリは、メネリクが外国人建築家の協力を得て標高二四〇〇メートルに建造した首都アディスアベバに移り住んだ。とてもさわやかな気候のおかげで、季節が夏しかないような山のリゾートにいるような不思議な感覚にさせられた[3]。当時つくりはじめたばかりの大通りも、そうでない道も、無頓着なまでにのぼりくだりが多かったことから「すべり台の町」という印象をあたえていた。幸いなことに、子どもの頃から身体を使うことには慣れているエチオピア人たちは、それで息が切れることはなかった。タファリもそんな一人だった。できたばかりの新しい皇宮で、廷臣に囲まれて暮らしていた。

はじめての皇帝謁見は、なかなか刺激的なものだった。顔にはあばたが残っていたが、目は知性で輝いていたメネリクは、見るからに権力者そのものだった。からかうような目でタファリを見つめると、大きな声でこう言った。

「そなたはフランス語を話し、読むことができると耳にした。さあ、余にその腕前を披露するがよい！」

タファリは、素直にその場でラ・フォンテーヌの寓話の一つを暗唱した。だが、メネリクはまったく納得しなかった。

「この子は丸暗記したのだ。なにを自分で言っているのかわかっていない！」

そこで、フランスとエチオピア資本の鉄道建設にたずさわっていたスイス人技師をよびよせてタファリと会話させてみることにした。その結果、メネリクはタファリのフランス語力に納得し、ご満悦となった。すぐさま、自分の孫のイヤスといっしょに、みずからが設立したばかりのメネリク二世高校で勉強するように命じたのである。

タファリは一六歳にして、驚くほど背が低かった。それ以降も背は伸びなかったが、華奢《きゃしゃ》な見かけの下には、なみはずれた意志の強さが隠れていた。ある日、メネリクが親戚にあたる何人かの諸侯たちとの乗馬にタファリを誘った。タファリが乗った馬は後ずさりしようとしたため、彼は落馬してしまった。皇孫イヤスは大笑いし、レースをしようともちかけた。タファリは逃げることなく挑戦を受けた。そして勝ったのである。宮殿に帰ると、タファリの手首が折れていたことにみな気がついた。彼は一言も泣き言を言わなかったのだ。メネリクはこう評した。

「そなたは臆病者だとよばれているが、鷲の才気と獅子の勇気の持ち主だ」

メネリク皇帝が重病だという知らせが広がった。だれがあとを継ぐのだろうか？　エチオピアの伝統では、かならずしも父から息子への世襲でなければならないというわけではなかった。女系であってもソロモン朝の流れをくむ諸侯でありさえすればよかった。したがって、イヤスにとって、タファリは危険なライバルになる可能性があった。いかなる対立も避けるべく、二人は協定を結んだ。タファリはイヤスの帝位を奪おうとしないかわりに、イヤスはメネリクからタファリに返還されていたハラールの管轄権をとりあげようとしない、というとり決めである。

こうして予定どおりすべてが進んだ。一九一三年一二月、メネリクが世を去ると、イヤスがあとを継いだ。だが、ハラールに戻っていたタファリは、個人的にいささかやっかいな状況に追いこまれることになる。一九一一年、ある地方領主の妻であったメネン侯女を奪ったために、エチオピア正教会のアブナ［大主教］によって破門されたのだ。だが、イヤスが個人的に介入してはじめて、破門が解かれたのである。新皇帝は、この面倒のほとぼりが冷めるまでタファリを自分のそばにおきたがった。こうして一時期タファリはアディスアベバに滞在するようになったが、地元に帰りたがっていた。今日目にすることができる外交文書に、その理由が簡潔に書かれている。「じつのところ、アディスアベバでの遊興ざんまいはタファリの品性に見あったものとはいえなかった。彼はイヤスが夜に外出するたびに心ならずも同行していた。しかも、こうした類いの生活が自分に合わないことを、あまりにも態度に示しすぎていた」

たしかに、イヤスはかなり下劣な放蕩者であった。女や酒におぼれ、毎晩のように酔っていた。権力にともなうあらゆる責任から逃げていたのだ。二人が協定を結んだのは、ただただ政治的打算にもとづいてのことだった。性格の面でも肉体面でも、二人はすべて対照的だった。イヤスは、タファリを背丈でも肩幅でも圧倒する巨漢だった。彼の豪快な笑い方に気圧されてしまって、タファリはなにも言い返せなくなることばかりだった。しかも、イヤスの信仰面での変化が、二人のあいだの溝をさらに深くしたのである。

帝国の各地方へとたえず行き来するうちに、イヤスはいくつかのムスリム地域に好んで長居するようになり、イスラム教に対して高まる好意を隠さなくなった。預言者ムハンマドの末裔だと自負するようになり、ついには五人の妻をめとるまでになった。しかも五人全員がイスラム教徒である。にもかかわらず、コニャックを浴びるほど飲む習慣を封じることはなかった。モスクのなかですら飲んでいたのだ。イヤスはなにを求めていたのだろうか。イスラム教徒の皇帝になりたかったのだろうか？　だとしたら大きなまちがいである。エチオピアはキリスト教国だからこそ存在しえるのだから。

ヨーロッパでは第一次世界大戦が勃発した。エチオピアは中立政策をとったが、参戦国は権術数をめぐらしていた。イヤスの親イスラム姿勢が連合国の不興を買っていた。イヤスはエチオピアを、ドイツの同盟国であるオスマン帝国側に与させるかもしれない、と思われたのだ。外交筋では、ひんぱんにタファリの名前が好意的にくりかえされるようになった。ある外交官は彼のことを「穏やかで育ちがよく、品位というものを自覚している」と、別の外交官は「フランスと文明を愛する人だ」と評した。

その当時の一枚の写真には、タファリがメネン夫人と写っている。まだ二〇歳になったばかりの彼女は、すでに貫禄ある体格を隠せなかったが、その横でにこやかに立っているタファリは、あいかわらずやせて華奢に見える。いまや彼は顎のまわりに立派な髭をたくわえ、それが豊かな黒髪につながっているように見えた。身につけているチュニックは、金糸で刺繍がほどこされており、ギリシアあるいはロシア正教会との古いつながりをうかがわせる。

イヤスから皇位を奪うようそそのかすあらゆる甘言に、タファリは耳を傾けなかった。彼との協定を守らねばならないと思っていたからだ。とにかく、人々の前では、そうした高潔さがあふれる態度を見せていた。彼の気構えは、だれからも尊敬の念をひき起こした。一種の戦略だったのだろうか。タファリが見せる政治的な立ちまわりのうまさを鑑みると、戦略だったとみなしてさしつかえないだろう。ただし、こうみなすことは批判ではない。歴史とは野心家によって築きあげられる。神の御心が人間にはわからぬように、野心家の心中に凡人が入りこむことはできないのだ。

一九一六年五月、イヤス皇帝がタファリからハラールの管轄権をとりあげた。ということは、イヤス自身が協定を破ったことになる。これでタファリは、自分はもはや協定にしばられていないと考えた。連合国はタファリに、自分たちの側につくとすぐさま明言するよう催促した。とはいえ、もはやイヤスが皇帝の座にとどまるにふさわしくないと証明せねばならないことには変わりない。貴族や首長たちのあいだで大きな動揺が起きていた。そこでアブナに意見を求めることにした。イヤスがイスラム教に帰依している証拠をアブナに提示したのだ。アブナは怒り心頭でこう言った。

「イヤスは完全にイスラム教徒だ！　キリスト教の王である資格はない！」

イヤスを擁護する人々は怒りにまかせ、エチオピアの伝統にのっとり武装してあらわれると、皇帝の権威に疑義をいだいた人々に対して攻撃をはじめた。攻撃された側も応酬し、乱戦のすえに反イヤス派が勝利をおさめた。貴族一同は、メネリクの娘にあたるザウディトゥが皇帝であると宣言した。そしてタファリが女帝の摂政となり、皇太子になると発表したのである。イヤスは首都をのがれ、反乱者として兵をかまえた。彼の正当性を支持するために八万人が集まり、群れをなしてアディスアベバに行軍した。タファリはおよそ六万人からなる味方の兵士を結集させた。両軍があいまみえた結果、タファリが勝ち、イヤスは砂漠へと遁走した。

†

タファリの首都アディスアベバへの凱旋は忘れがたいものとなった。五万人の男女が歓迎した。帝国の高官たちも外交官たちも彼をたたえた。皇帝となったザウディトゥ皇女が、隣を歩くアブナにともなわれて玉座へと歩み出た。タファリは戦闘服に身を包んで総勢二万五〇〇〇人の先頭に立って登場した。「タファリ、万歳！」女帝のそばに彼が腰かけるあいだ、天にもとどくような大歓声が響きわたった。

完璧な勝利だった。タファリの小柄な体格も、繊細さも、華奢な手つきも忘れさせるものだった。

彼は権力を手にし、それを守ろうとしていた。世界ではエチオピアがとるに足らない存在であることをわかっていた。エチオピアに存在感をもたせようという野心に燃え、中立路線からの離脱を熱望した。一九一四年以来、イヤスは中立をやめようと望んだことなど決してなかった。だが、タファリは迷うことなく、ドイツとオーストリアとの決裂を宣言した。高度な外交技術だった。タファリはさらに、奴隷売買を禁止するという巧妙な手をうってみせた。ジュネーヴで産声をあげたばかりの国際連盟に、胸をはって出席したかったのだ。

一九一八年一一月に第一次世界大戦の休戦協定が締結されると知るや、タファリはフランスのポワンカレ大統領、アメリカのウィルソン大統領、イギリス国王、ベルギー国王、イタリア国王に祝辞を送った。国連に加盟できる状況になるとすぐに、加盟申請を出した。競合していた国々が、エチオピアにはまだ奴隷制度がはびこっていると指摘すると、タファリは自分が廃止したと回答した。すると、武器の不正取引をなくすべく尽力するように求められた。タファリはそれも断固として実行すると請け負った。かくして全会一致でエチオピアの加盟が認められたのである。

またも成功をおさめたタファリ。その後なにが起きたかを知っているわれわれとしては、彼の将来もエチオピアの未来も、このとき生まれたと考えてもいいだろう。

言い出した以上、彼はあとに引かなかった。エチオピアを中世から抜け出させて、二〇世紀の一員にさせるのだ。そのために、かつてのロシアのピョートル大帝のように視察することによって、自国と西洋の大国の違いを見きわめようとした。タファリは、父親が話してくれたあのヨーロッパを自分の目で見たい一心でこのように説明した。「この旅行の目的は、みずからの目でヨーロッパ文明を見ること、書籍でしか知らない各国の巨大な首都の名所を見てまわることだ。それによって、このエチオピアという国に合いそうなものをとりいれることができるからである」。同様に、海へのアクセス確保を交渉することにもこだわった。

それはもう一大旅行となった。一九二四年四月二〇日、タファリは、大人数の随行団を引きつれて、ジブチで巨大客船のポルトス号に乗船する。そのなかに騒々しい高位貴族たちもいたのは、彼らをいっしょにつれていったほうが、国に残していくよりも無難だと判断したからだ。この判断はきわめて賢明だった。フランスはパリでミルラン大統領とポワンカレ首相［元大統領］に迎えられ、イギリスではジョージ六世、ベルギーではアルベール国王、イタリアではヴィットーリオ・エマヌエーレ国王とベニート・ムッソリーニ、ルクセンブルクではフェリックス公に面会した。

タファリはなんでも見ようと心に決めていた。実際、さまざまな場所を訪問した。パリではエッフェル塔やアンヴァリッド廃兵院にあるナポレオンの廟を訪れ、サント・シャペル教会のキリストの荊冠の祭壇の前では長々とひれ伏した。ケンブリッジ大学では名誉法学博士を授与された。ローマでは最大の成功をおさめたかもしれない。ヴァチカンで、ピウス一一世になみなみならぬ敬意をはらわれて迎えられたのだから。

復活祭の時期ということもあって、タファリはエチオピアに帰国する前に、たっての願いでエルサレムを訪問した。聖地を訪問しながら彼が示した敬虔な態度は、それを見ただれもが心を打たれた。

しかしながら、もう大がかりな観光旅行をしている場合ではなかった。帰国するとすぐに、タファリはイタリアとイギリスのあいだで密約が結ばれていたことを知る。この二国は帝国主義の最盛期にふさわしいずうずうしさによって、エチオピアでの互いの勢力圏を割りふっていた。国際連盟から得られるものとはなにか、完璧に理解していたタファリは、これを利用してすぐさま公式に抗議した。決まり悪い状況におかれたイタリアとイギリスは、さっさとあとに引き、国際連盟で自国の評判を回復させるべく、エチオピアの分割はないと公に保障した。

各国の首脳陣は、タファリのことをすぐれた戦略家だと評して、彼の外交的勝利をたたえた。その勢いでタファリがイタリアと一九二八年に協定を結び、あれほどまでに彼が渇望した海へのアクセス権の確保をイタリアに認めさせると、ふたたび喝采された。世界はエチオピアに関心をいだきはじめた。

そしてエチオピアの摂政にも。

†

さて、ようやくイヤスの身柄が確保された。彼をアディスアベバから五〇キロメートル離れた要塞に幽閉したのである。当初、鎖でつながれていたイヤスであったが、女帝ザウディトゥが介入したおかげで鎖は解かれることになった。彼女のまわりにはタファリの敵が策動していた。彼らはタファリの辛抱強さを信用せず、彼が女帝を玉座からひきずり下ろしたいと思っていると確信していた。そのような場合、こんな危険な人物を文字どおり無力化しようとするのは当然ではないか。

こうした類いの事案の場合、迅速に動かねばならないとタファリはわかっていた。この手の戦術に、彼は卓越しているのである。彼は、親衛隊員や首都で暮らす人々に影響力をもっている首長たちが自分の味方であることを確信していた。そこで女帝に最後通牒をつきつけた。皇位をザウディトゥに残すことを約束するかわりに、自分自身には王を意味するネグスの称号を要求した。

女帝はタファリが糾弾した「陰謀」に自分は無関係だと誓い、言いなりとなった。一九二八年一〇月七日、タファリにゴンダール王の位をあたえ、皇太子としての継承権を保障した。タファリはさほど待たされることはなかった。一九三〇年四月二日、女帝ザウディトゥは「先祖である」シェバの女王のもとへと旅立ったからだ。一一月に行なわれた戴冠式で、タファリはハイレ・セラシエと名のることにした。ローマ教皇のように、皇帝は即位するときに自分の新しい名前を選ぶのが、エチオピアの伝統である。ハイレ・セラシエとは「三位一体の力」を意味する。タファリは即位と同時に、キリスト教徒の皇帝であることを明確にしたのだ。

戴冠式には世界のあらゆる国々を代表する人々が来ていた。フランス政府の名代としては、フランシェ゠デペレ元帥が出席した。新皇帝は、聖香油の塗油を受け、冠をいただく予定の聖ギオルギス大聖堂で一晩中祈りつづけた。そしてエチオピア史上まったくはじめてのこととなったが、彼は、同じ機会にメネン皇后が自分の目の前で冠を授けられることを強く望んだ。かつてナポレオンがそうさせたように。

†

帝国の高位貴族たちが運ぶ天蓋の下、二〇世紀の世界へ情熱的なまなざしを向ける男が進んでいく。重厚な色の豪華なガウンが彼の身を包んでいる。文様が織りこまれた厚地のビロードの布地は、腰のあたりから裾に向かってゆったりと広がり、胸元と肩には金刺繍がほどこされている。冠で頭に固定された大きな黒いヴェールが肩にかかり、足下まで身体をおおっている。この冠についても特筆すべきだろう。実際には冠というよりもティアラである。金でつくられた巨大な円筒状になっており、上と下の両端が少し広がっている。その上には十字架がついており、それをいただく人物は教会のもっとも高い権威を体現していることを示している。白い手袋をした左手は円球をもち、その円球にも十字架がついているが、これは帝国の権力を象徴している。右手も同様に手袋がはめられているが、こちらは「正義の手」とよばれる手の形をした飾りのついた王笏をにぎっている。すべてがあきれてしまうほどの重厚感にあふれ、ともかく息をのんでしまう。

「王のなかの王」のこの姿が、威厳に満ちていることは疑いもなかった。だれもが気づき…というよりも強く感じたのは、何世紀も昔にさかのぼる過去とのつながりである。あたかも巨人のように見せるべく、ものものしく着飾った華奢《きゃしゃ》で小柄なこの男のために催された式典の荘厳さには、どこか歴代ビザンティン皇帝の雰囲気を感じさせるものがあった。

こうした過去との結びつきを蔑《ないがし》ろにすることを、彼は許さなかった。決して許さなかったのだ。政治的、精神的権威のみならず、自国を未来へ向かって進めるために神が自分に霊魂の力をおあたえになるのも、ほかならぬこの過去ゆえのこと、と考えていた。

†

一九三一年、ハイレ・セラシエは憲法を制定した。これは、代議制政治への道のささやかな一歩でしかなかった。それでも代議制導入によってエチオピアは国際社会で認められるにちがいない、と彼は考えていたのだ。それから司法制度と法律の改革を行なった。教育施設を増やし、病院の建造を奨励し、現代技術を広めた。自動車産業、電話といった通信産業、しかも航空機産業まで導入したのである。

奴隷制度は衰退の道をたどりつつあった。新皇帝は、農民賦役の一部や、地主たちが謳歌していた数世紀来の特権を廃止した。これらの改革は、フランスで一七八九年の革命時に実行された農民のための領主権の廃止に匹敵するだろう。

それでもなお、エチオピアは西欧諸国から数世紀は遅れた状態にあったのは事実だが、識者たちからは、アフリカのほとんどの国よりもはるかに進んでいるという評価を受けていた。しかしながら、着手していたこうした事業は、いきなり中断することになる。ムッソリーニが長年温めていた計画を実行に移そうと決断したのだ。エチオピアを強奪するという計画である。

大英帝国、フランス、オランダ、ポルトガルといった世界の植民地大帝国はおしなべて、全盛期を終えようとしていた。だがイタリアは、帝国主義にのり遅れていた。支配下にある二つの地域、つまりエリトリアとリビアだけに甘んじなければならなかった。ここから得られるものはなきに等しかった。当時は、だれも石油のことなど念頭になかったからだ。

独裁者のだれもが、大衆からの人気というものにとりつかれている。なかでもムッソリーニは、熱狂的な喝采をなににもまして必要としていた。もし、自分がイタリアと国王に、一〇〇平方キロメートル以上の領土と新たに二五〇〇万人もの臣民をもたらすならば、まちがいなく大喝采がわきおこるだろう。

ずいぶん前から、イタリアの統領《ドゥーチェ》はエチオピアのことを考えていた。一九三四年をとおして、彼の構想ははっきりとした形をとるようになっていった。この手のくわだてには重要な要素である偶然によって、口実があたえられたのは事実である。一九三四年一一月二二日、エチオピアとイタリアの部隊が、ワルワルのオアシス地帯のそばで鉢あわせしたのだ。エチオピア軍はイギリス領ソマリランドとの国境画定委員会の警護のためにそこにいただけだった。イタリア軍とエチオピア軍は対峙したまま、緊張が高まっていく。だが一二月五日、ついに発砲がはじまった。戦闘の火蓋が切られた。四八時間続いた戦闘で、イタリア軍は躊躇なく戦闘機と装甲車を投入した。エチオピア軍は、撤退時に死者一三〇名を残していくことになった。イタリア側の死者は三〇名、負傷者は一〇〇名だった。

イタリアにとっては、すべての責任がエチオピアにあることには疑いの余地がなかった。ムッソリーニは賠償を要求した。一二月、もっとも近しい協力者たちに、イタリアはエチオピアを勢力下に置くべきだとの考えを伝えている。同様の考えをシュターレンベルク侯［オーストリアで副首相などをつとめた政治家］にも話している。ハイレ・セラシエは、国際政治にかんしてこれまで自分が選んできた手法を今回も遵守し、国際連盟に提訴した。イタリアのファシスト政府は、提訴が支持されること自体、イタリアが「エチオピアと同等」に位置づけられることを意味することになり、そのような事態は「耐えがたく容認できない」ものとみなす、と反論した。イタリア側は、仲裁手続きを求める姿勢を表明したが、それは当然のことながら口先だけだった。ムッソリーニは、エチオピアと決着をつけようと決めていたのだ。一九三五年五月三一日には、それを在イタリアドイツ大使ウルリヒ・フォン・ハッセルに明言していた。

一九三五年をとおしてずっと、ムッソリーニはあからさまに戦争への準備を続けていた。信頼できる情報筋によると、イタリアはすでに東アフリカに三〇万人を結集させていた。ムッソリーニに対して、エチオピアへの彼の態度の変化を期待してもよいものなのかとたずねたジャーナリストいわく、このような答えが返ってきたという。

「エチオピアが譲歩しないかぎり、いっさいありえない！」

ハイレ・セラシエはイタリアの意図をしっかり理解していた。第一次世界大戦の終結後から、イタリアといつか戦わなければならなくなるのではないかと危惧していた。国際連盟への加盟や西洋諸国と交流を何度も深めた動機は、それ以外に考えられないだろう。エチオピア貴族たちが大言壮語を重ね、「アドゥワでイタリア人に勝利したのだから、今度も同じように打ち負かす」といった、あまりにも短絡的な理屈をうんざりするほど口にしていたとき、皇帝だけが現実をはるかに的確に見つめていた。一八九六年のアドゥワの戦いは白兵戦だった。だが一九三五年のいま、勝利の鍵は兵器などの装備である。エチオピアにはそれらがない。いや、あるとしてもごくわずかしかないのだ。

ハイレ・セラシエは、二〇万から三〇万人もの兵を動員できるが、そのなかできわめてわずかな人々しかヨーロッパ式の戦い方を身につけていないことを承知していた。たしかに親衛隊は新しい戦い方を学んでいたが、歩兵隊四隊と機関銃隊一隊と騎兵隊一隊しかなく、総勢四〇〇〇名から五〇〇〇名を数えるだけだった。航空隊としては十数機の軍用機をもっていたが、せいぜい部隊間の連絡任務にしか使えなかった。通信面では、はっきりとした音で送信できるラジオ送信機がかぎられた数しかなく、その事実を当然イタリア軍は利用すると思われた。

敵となるイタリア軍は、最新鋭の装備品をそなえた五つの軍団で構成され、火砲については大小とわず約五〇〇基あり、軍機は三〇〇から四〇〇機――しかも世界でも最高の腕をもつパイロットがそれらを操縦するということも、ネグスは重々承知していた。総勢五〇万名の兵を相手にしなければならないのである。

これではエチオピア人があまりにも哀れではないか！

†

ムッソリーニは、軍事的にも外交的にも二重に準備をしていた。当時イタリアが有利な立場にあったという点は、指摘しておかなければならないだろう。ヒトラーが権力の座にのぼりつめたことが象徴する危険に対して不安が大きくなり、そうした空気がヨーロッパをおおっていたのである。一九三四年六月にヴェネツィアでヒトラーとムッソリーニが会談したことが知られると、その懸念はさらに高まった。それ以来、フランスとイギリスのあらゆる外交努力は、イタリアと親善関係を結ぶことに傾けられるようになった。

さて、一九三四年七月二五日、オーストリアのドルフース首相がナチに暗殺される事件が起こった。ドルフースの友人だったムッソリーニは厳しい対応をした。四つの師団を動員し、ブレンナー峠に送りこんだのだ。[4] フランスの世論はイタリアの独裁者の態度を強く支持した。外務大臣ルイ・バルトゥーはイタリアとの歩みよりを強く訴えた。だが彼は、マルセイユでのユーゴスラヴィア王アレクサンダル一世暗殺事件で死亡したため、ピエール・ラヴァルが後任となった。

ラヴァルは一九三五年一月にローマを訪問する。ムッソリーニが一種の反ドイツ同盟に参加するひきかえに、エチオピアを「好きにしてかまわない」と、ラヴァルは明言したのだろうか？　ムッソリーニはそう主張し、ラヴァルは否定したがあまりに歯切れが悪かったので、多くの人々は認めたのも同然と判断したのである。

フランス側の暗黙の了解があったとはいえ、ムッソリーニはイギリスの出様を心配しなければならなかった。というのも、イギリスは国際連盟の要《かなめ》だとみなされていたからだ。エチオピアのネグスは過去にも国際連盟に訴え出たことがあり、ふたたびそれをくりかえすに相違ないこともムッソリーニにはわかっていた。したがって、一九三五年五月初旬、彼はイギリスに対して、もしイタリアがエチオピアに介入したらどのような態度をとるのか照会している。アンソニー・イーデン［一九三〇年代から五〇年代まで国際連盟担当大臣、外相、首相を歴任したイギリスの政治家］がのちに語ったところによれば、ムッソリーニは彼に「アビシニア［エチオピアの当時の通称］でのイタリアの動静に対して最大限に友好的かつ理解ある態度をとり、それを示すようにしきりに求めた。イタリア外務大臣グランディはアビシニアで起こりつつある状況を、切除しなければならないガンであるかのように話した」という。こうしたイタリアの言い種《ぐさ》に対して、イギリス側は表だった敵対心を見せることはいっさいなかった。ジョン・サイモン卿［当時のイギリス外相］は、イギリス世論が反発する可能性について言及するだけにとどめたのである。こうしてムッソリーニは、自分が立てていた攻撃計画の後押しを受けた。一九三五年五月一四日、イタリア上院にて彼はヨーロッパにおけるイタリアの行動――つまりヒトラー・ドイツに対抗した形での英仏との連帯――と、アフリカ大陸でイタリアが干渉されることなく行動する自由を結びつける発言をした。「エチオピアが過剰に軍備を増強しており、エチオピア人を動員して準備を進めていること。そしてなによりも、イタリアとのいかなる協定にも反対するといった若手諸侯たちをはじめとするエチオピア政府内に広がる憂慮すべき雰囲気」をムッソリーニは非難した。こうした臆面もない発言は、ファシズムやナチズムの常套手段を知らないのならばともかく、だれにとっても驚くに値しない。

当時フランスではイタリアに好意的なキャンペーンが大々的にはじまっていたことも知っておくべきだろう。イタリア退役軍人の代表団が、パリでは大歓迎された。フランス・イタリア双方から、第一次世界大戦時の連帯について言及されるようになった。フランスの各種多数の組織が、反ファシズムのイデオロギーよりヨーロッパの安全保障を優先すべきだと主張した。ムッソリーニの脅威を訴えつづけたのは、左派に属する政党だけだった。イーデンはムッソリーニに面会したとき、イギリス政府の懸念を伝えることが自分のつとめだと考えた。すると、すぐさまムッソリーニは、ラヴァルからとりつけたあの「自由にしてもかまわない」という同意を引きあいに出したのである！

「あれは経済的にはかまわない、という意味ですよ」とイーデンは答えた。「そのように自分はラヴァルから説明を受けている」とつけくわえて。

するとムッソリーニは「とても信じられないといった驚きの表情で[5]」のけぞると、肘かけ椅子に深く身体をしずめた、とイーデンはのちに回想している。それからムッソリーニは、さっと身体を起こし「アドゥワの無念を晴らさなければならない。わたしはそう固く決意している」と怒鳴った。イーデンは王手をかけられた状態だった。

そこでラヴァルがあとを引き継いだ。エチオピアの問題をイギリス・フランス・イタリアの三国間での会談でとりあげようと提案したのだ。ムッソリーニは大喜びだった。これで国際連盟を回避できる。一九三五年八月一六日、三大国会談がパリで行なわれた。ムッソリーニは内々に、自分は合意を求めているのではないと言った。「すべてわたしに譲歩してくれたとしても、わたしはアドゥワの復讐のほうを望む」と。そしてイギリス・フランス側の提案をすべて却下したのだ。イタリア側の代表をつとめたポンペーオ・アロイージ男爵は、「これは、決裂を意味した」と記している。

その年の九月、まるまるひと月のあいだ、危機への脅威が増していった。イギリス最大級の艦隊二隻がジブラルタルにやってきた。地中海におけるイギリス艦隊は、イタリア艦隊よりも圧倒的な優位を誇っていた——といっても、理屈上にかぎればの話である。というのも、イタリアの情報機関が、イギリス艦隊は戦闘に入れる状態ではないことを暴《あば》いていたからだ。

最後の試みがなされた。九月二六日、国際連盟委員会がエチオピア問題を検討するために一三か国委員会を結成した。イタリアはメンバーにくわえられなかった。ネグスの要求により、委員会はエチオピアに監視員を派遣することを決め、監視員たちはジュネーヴを出発した。フランスの新聞各紙は、退役軍人たちによる呼びかけの記事を掲載した。第一次世界大戦ではイタリアと戦友の仲であったことを引きあいに出し、イタリアが「国家制度も民族国家も形成していない人々を武装解除させ、文明化を進めたい」だけのことだと確信している、と表明したのだ。

一〇月二日午後六時四五分、ムッソリーニは演説を行ない、その中継放送がイタリア中の広場のスピーカーから流れた。ヴェルサイユ条約でイタリアは「植民地という戦利品の分け前はほんのわずかしか受けとれなかった」と、ムッソリーニは過去をもちだし、声を張り上げた。「エチオピアには四〇年も我慢させられてきた。もうじゅうぶんではないか！」

問題の急所をつかれてしまったのだ。イタリアがエチオピアに介入することを防ぎたいと望んだ当のフランスやイギリスが、世界最大の植民地大国なのである。ここで両国が道義上の問題を引きあいに出したとしても、アルジェリアやインド、南アフリカ、あるいはインドシナに対してこの二か国がなにをしていたというのだろう。まさにそれが、エチオピア問題が延々とあいまいなまま続いていく理由である。英仏両国は、ほかの大国に対して帝国を築くことを禁止するのは藪蛇《やぶへび》になると感じていた。そのうえ、イタリアがヒトラーの手中に落ちることをおそれて、両国とも決して、ムッソリーニが行動を起こすのを本気で止めようとはしなかったのである。こうして、エチオピアの皇帝と国民がその犠牲をはらうことになった。

†

ハイレ・セラシエが世界史の表舞台に登場しつつあったちょうどこの頃、映画館でその姿が映し出されているのを見たことをわたしは覚えている。エチオピアの高貴な人々がはおる黒いマントと、膝下がぴったりとした乗馬用ズボンをはいた彼が、灰色の小さな馬にまたがっている姿だ。そのうしろを従者が、金刺繍があしらわれた楕円形のパラソルを彼の頭の上にかざそうとして追いかけている。ニュース映画のナレーションによれば、首都アディスアベバにいる皇帝に、一〇月三日にアディグラトとアドゥワの町にイタリア軍機が空爆を行なったという知らせがもたらされた、とのことだった。すでにアガメ地方では戦闘がはじまっており、宣戦布告なしにイタリア軍がエチオピアとエリトリアとの国境を画するマレブ川を越えたのだ。

ハイレ・セラシエは一刻もむだにしなかった。国際連盟理事会に「イタリアの攻撃による帝国への国境侵犯と条約破棄」について提訴した。同日、イタリアは同理事会に「エチオピアに広がる好戦的で過激な気風が、イタリアに対する戦争を強いたのだ…」と通告した。イタリア政府の表明によれば、「エリトリアの司令本部に、必要な防衛措置をとる許可を出さざるをえなかった」からだ。一〇月三日午前一一時、ネグスは伝統にのっとった形で各軍に召集をかけた。法務大臣と親衛隊長が宮殿の階段の上にあらわれ、前庭に集まった何千人もの戦士たちに向かって訴えかけた。「リガバ」とよばれる親衛隊長が召集勅令を読み上げる。勅令の一文が読み上げられるたびに、太鼓がトレモロを奏《かな》でてそれを強調する。皇帝が姿をあらわした。戦士たちに向かって発したのは一言二言だけだったが、大声援が返ってきた。

太鼓の音が、国中で戦争のはじまりを知らせる合図となった。それからほどなくして、アディスアベバは召集された一〇万人あまりの人々でいっぱいになった。髪が伸び放題の貧しい人々が、食料をのせたロバやラバを押しながら集まった。そのようすを目撃したある人物はこのように書き残している。「なんと奇妙で粗野な男たちだろう！　だれひとりとして自分がなにを残していくのか、なにが待ちかまえているのかを心配しているようには見えない。男たちは自分の首領のあとをついていき、その首領はさらに自分よりも上位の族長についていく。古来の精神が、これらの大軍を、かつてアドゥワで簡単に打ち負かした不倶戴天の敵へと向かわせるのだ。だれも脱走を考えてはいない。憲兵も警官もしかりだ。気にもとめてもらえない深傷《ふかで》を負った兵士か、死にかけている兵士は別として、のろのろと従軍する者などどこにもいない。そんな傷病兵たちでさえ、もし精力が残っているならば、そのうち隊列に合流することは明らかだ。こうしたヒロイズムの大部分は、現実に対する無自覚がゆえである。この哀れな人々が最新の兵器のおそるべき力を前にした驚きは、どのようなものになるのだろう。彼らは勝利に向かっていると信じている。そのようすを眺める者にとって、このぼろをまとった男たちが内に秘めた自尊心によって敗北か死の道へと歩んでいるのを心配せずにいることなど不可能だ。首領たちのなかには比較的教養のある者たちもいるのに、なにも知らないこのような人々を戦闘へと導くために悲痛なまでの勇気を奮い起こしているとは、理解に苦しむほかない。われわれの多くは敵よりも先に戦いをはじめたいとはまったく思っていなかった——首領たちは、そんなふうにみずからに対して言いわけをしていた…」[6]

ネグス自身は現実を知っていた。彼に接した人々は、その悲しげで深刻な表情をまのあたりにした。国際連盟とイギリスが味方になると信じていたのに、見すてられてしまったのだ。彼が発表した声明の文言に、絶望に似た感情をうかがい知ることができた。「イタリア人は自分たちの武器を鼻にかけるが、神への信頼の強さこそわれわれの自慢である…」

毎朝、日の出とともにハイレ・セラシエは、アディスアベバにあるいずれかの教会へおもむき祈りを捧げた。ある外交官はこのように批評している。「この男はおそらく、自分の帝国のなかで自軍になにが待ち受けているのかを知っているごくわずかな者の一人だろう。だが、彼はエチオピアを救ってくれるかもしれない奇跡をあてにしているのである」

軍事作戦を実行するのには時間がかかった。アドゥワの戦いの経験者だったイタリアのデ・ボーノ将軍は、「歴史はくりかえす」のだから、慎重にことを運びたいと思っていた。今回アドゥワの町を手中におさめる特権を得るのは自分である、と考えながら。そこで将軍は、非常にゆっくりと進軍することにした。正確な地図がなかったので、頑としてそれを作成させようとした。だが、それでは時間がかかってしまう。結果的に、動きがさほど見られなかったために、外交筋はムッソリーニがかならずしも交渉に反対しているわけではないと受けとめていた。国際連盟はイタリアの攻撃を非難した。イタリアが制裁の対象になれば、ネグスにとって倫理面で大きな勝利となるだろう。さて、一〇月一四日および一六日、国際連盟に加盟する大国には、今後イタリアに対して運送手段とゴムと鉱物資源各種の販売を禁ずるという発表がなされた。これは信じられないほどの欺瞞であった。制裁は石炭にも鉄鋼にも、さらには石油にも適用されなかった。つまり戦争に不可欠なあらゆる物資には手をつけなかったのだ。

アフリカへのイタリア遠征軍は完全に機甲化されていた。それはつまり、もし石油がとどかなければ、イタリア軍はエチオピアで動きがとれなくなることを意味していた。だが、民主主義陣営はあいかわらずイタリアとドイツが接近するのをおそれていたために、そこまでするのを望まなかった。

しかしながら国際連盟は、いかにもそれらしい屁理屈から、エチオピアが軍需品を受けとることを許可した。ところが、フランスはハイレ・セラシエになにも送らなかった。イギリスは刀剣や弾薬は喜んで提供したが、それ以外はなにもしたがらなかった。皇帝は飛行機を購入したいと申し出たところ、イギリスは拒否したのである。エチオピアが受けることになる唯一の支援は、なんとドイツからであった。皇帝はのちに「われわれが手に入れることができた唯一の武器は、ヒトラー首相から提供されたものだった」と認めている。たしかに、歴史は往々にして驚きの種をわたしたちにあたえてくれるものだが、この件ではそうした「驚きの記録」を更新したように思える。

　ヒトラーは、前述のブレンナー峠の件以来、ムッソリーニに対抗することにはやぶさかではなかった。フランスとイギリスは、ともかくエチオピア・イタリア双方に対して、妥協して和平を結ぶよう提案した。ハイレ・セラシエはすぐさま受け入れたが、ムッソリーニは拒否した。その時点で、双方とも慎重に攻撃をしている状態は完全に終わったことになる。一九三五年一二月一五日、イタリア軍は攻勢に出た。彼らの目の前には、一一万人の兵と、エチオピア皇帝が直々に出動命令を出した三万人のエリート軍人がいた。当初の戦闘では、イタリア軍は押し戻されていたために、エチオピア側が優勢のように見えた。イタリアの新総司令官となったバドリオ将軍は、エチオピア軍に脅《おびや》かされていた中核的補給地点アディクアラをいかなる犠牲をはらおうとも死守するように命令を出した。その命令はあまりにも忠実に守られてしまった。エチオピア部隊に空から毒ガスがまかれるやいなや、壮絶な被害がもたらされた。肺は焼け、四肢はむしばまれた。黒焦げになったロバやラバには毒がまわっていった。おぞましさそのものだった。

　総じてよくもちこたえていたエチオピア勢は、バドリオやグラツィアーニ指揮下の猛攻撃を受けたすえに、負けを覚悟せざるをえなくなった。エチオピア軍は全軍退却をはじめた。だが、ハイレ・セラシエが直々に命令をくだしていた部隊――皇帝親衛隊はここに編入されていた――は、そのなかでは余力が残っていた。そこで彼は反撃を決断する。兵士三万人、機関銃一〇〇挺、大砲二三門（うち一門は七五ミリ野砲）を投入したのだ。当初、この攻撃は成功したように見えた。親衛隊は信じられないほど勇敢に戦った。その攻撃が止まったのは、途方もない火の海に飲みこまれたからだ。一五〇機の戦闘機がエチオピア軍になんと七三トンもの爆弾を落としたのである。

ネグス自身も最後まで戦った。みずから機関銃を手にとり、敵に向かって弾薬がつきるまで射撃した。戦闘は朝五時から夜の七時まで続いた。そして負けた。

翌朝、小柄な皇帝は痛ましくも、これからもう一度攻撃すると宣言した。だが彼の顧問たちがなにもしないようにと懇願した。となると、道は一つしか残されていない。アディスアベバに戻ること。あそこでならばじっくり考え、国際社会の反応を知ることができ、新たな策を立てることができるだろう。

四月三日、ネグスはアディスアベバに戻る提案に同意したが、避難所にしていた洞窟で礼拝にあずかっていた。すると突然、空から爆弾が落ちてきた。イタリア空軍が皇帝の避難場所を発見し、空爆したのだ。まわりはみなパニックを起こしていた。「祈りと賛美歌をやめてはならぬ！」と彼が命令をくだすと、全員がそれにしたがった。

彼は外に出て、歩きはじめた。身につけていた武器はすべて置いていった。道中、目に入るのは混乱だけだった。村人は皇帝と親衛隊員たちに銃を向けた。空爆で震えあがった人々は、一〇〇〇年にもわたる古くからの服従の念を放棄していた。領主たちは裏切ったのだ。まもなくして、親衛隊は、武器を手にして進んでいかなければならなくなった。イタリア軍がせまりくるあいだ、ネグスはいよいよ自軍の陣営からも怒りの声が響きわたるようすをまのあたりにした。

ようやくアディスアベバの町の前まで来ると、奇妙な静けさがあたりを支配している。市当局者がやってきて、首都に入城しないようネグスの軍に懇願した。なかに入ったら最後、さらにやっかいなことになりかねないという。兵士たちにそこから離れるよう納得させるために、当局は彼らに食べ物や金銭を配った。

われはアディスアベバを守りきることはできるのだろうか――ハイレ・セラシエは首都にいた外交関係者全員に意見を求めた。イギリス外交官以外はみな、どのような抵抗もむだだという見解を述べた。もし抵抗するならば大量虐殺にいたり、町が完全に壊滅するだろう、と。

それならば、エチオピアのいずれかの地方で抵抗するのはどうだろう。もはや軍の士気も失われ、バラバラになっている以上、そのような計画は完全に夢物語のように思われた。皇帝にとって、もはや残された方法は一つしかなかった。国際世論に訴えてエチオピアを守るべく、ここから脱出する。ネグスは首長たちをよび集めた。彼らは自分たちの兵力を集められる状態ではなくなった、と認めた。五月二日の夜明け前の午前三時にネグスは汽車に乗りこみ、ジブチに向かった。五月三日午前一〇時三〇分、フランス領ソマリ海岸に到着する。そして彼は、四日午後四時にイギリス客船エンタープライズ号に乗船し、エルサレムへと向かった。

皇帝が自分の親衛隊にアディスアベバを略奪することを許可したという噂が流れた。といっても、彼が側近に対して、どのみちイタリア人が手におさめてしまうのだから、宮殿に保管されているものを好きに使うようにと言い残した、という話のほうがありえそうではある。いずれにせよ、このようなお墨つきをあたえたことによって、烏合の衆がここぞとばかりにまず宮殿を、それから首都全体を略奪するという想像を絶した事態をひき起こした。富や物資を奪おうとした輩たちは、とうとう街頭で殺しあいをはじめるようになった。フランス公使館に二〇〇人の子どもたちをふくむ三〇〇〇人が身を隠したという。

五日、イタリア軍の前衛隊がアディスアベバに入城した。六日、バドリオ率いる軍もそれに続いた。ふたたびエチオピアに秩序がもたらされた。恐怖による秩序であった。

五月九日、イタリア政府の法令により、今後エチオピア全土が完全にイタリア王国の統治下におかれる旨が発表された。エチオピア皇帝の称号は、これからはヴィットーリオ・エマヌエーレ三世とその子孫のものとなる。

†

黒い髪の小柄な男――探検帽をかぶり、白いズボンに黒いケープをまとった男がパレスチナに上陸した。彼は自分への表敬のために出迎えたイギリス師団の閲兵をした。エルサレム駅では、パレスチナ総督や聖墳墓教会でふだん祈りを捧げているエチオピア人修道士、数千人のアラブ人に出迎えられた。情報筋が指摘したところによれば、ハイレ・セラシエのあとに続いて「金銀が入っているにちがいないとても重そうな」三〇〇個の小箱が運ばれた、という。

すぐさま、国際報道では膨大な財宝についてとりあげられた。あれらの小箱のなかには、数十万ポンド相当額の銀貨が入っているとみられた。亡命中のネグスの生活がきわめて質素であったという話を信用するなら、その蓄《たくわ》えはすぐにつきてしまったにちがいない。エチオピア元皇帝は、イギリス人から支援を受けざるをえなくなったからだ。

在エルサレム特派員はみな、彼が行なうという記者会見に駆けつけた。彼らがまのあたりにした皇帝は「落ちこんでいて、疲労の色が隠せなかった」。彼は記者たちに、声明文が書かれた紙を手渡しただけだった。「もし残ることがわが国民の役に立つのならば、余はエチオピアに残っていた。だが、余の死をもってしても、囚われの身になったとしても、そうした目的を果たすことはできなかったであろう。ならば、余はわが国の大義をジュネーヴで訴えようと考えた。強国から弱小国を守るべく正義が行なわれることを要求する」

それからロンドンへ渡ったハイレ・セラシエを数千人が歓迎した。皇帝は、自分との面談に何人かの名士を誘ったが、だれひとりとして来なかった…。老政治家ロイド・ジョージだけが応じたのである。そこで皇帝は、六月三〇日から国際連盟総会が開かれる予定のジュネーヴに行った。エチオピアの代表団長として出席することに決めたのだ。

当時、わたしはまだ子どもだったが、その翌週に映画館で上映されたニュース映像を決して忘れたことはない。黒いケープをはおり、頭にはなにもかぶっていない、悲痛のあまりこわばった顔をした小柄の悲劇の男性が、まるで贖《あがな》いの生け贄《にえ》のようにゆっくりと演壇に近づいていくのをわたしは見た。あの思い出を記憶から消しさることなど不可能だ。報道機関に割りあてられた席からは、イタリア人記者たちがヤジを飛ばしていた。

「人殺し！　かかってこいや！　おまえの政府とやらがどこにある！　いいかげんにしろ、黒ん坊め！」

どよめきのなか、ルーマニア人のティトゥレスク［国際連盟総会議長をつとめた政治家。当時は外務大臣］が記者たちに向かって一喝した。

「こんな野蛮人のようなふるまいはやめなさい！」

総会は拍手した。総会議長をつとめたベルギー人ファン・ゼーラントが、警官にじゃま者を追い出すよう命令すると、見苦しいこぜりあいがくりひろげられた。

ネグスは動じることなくじっとしたまま待っていたが、ようやく壇上にあがって、話すことができる状態になった。その演説は心ゆさぶられるものだった。

「わたくしは、国際連盟がそのつとめを果してくれることに、すべての希望をそそぎました。武力も法にしたがうと信じていたのです…。国際連盟の存在意義が問われています…。国際社会のモラルが問われているのです。神と歴史はあなたがたの判断を忘れないでしょう…。ついこのあいだ、エチオピア国民が攻撃に対して抵抗するのを助けると約束した五二か国に対して、その約束を果たすよう求めます。これらの国々は、エチオピアのためになにをしたいと思っているのですか？」

長く、重い沈黙が、総会に出席した人々の心にのしかかった。にもかかわらず、皇帝の演説は役に立たなかった。決議案が採決されると、それに対する反対決議が採択される。これではまったく空《から》まわりだった。ネグスは経済援助を求めたが、拒否された。あげくのはてに、節操がない国際連盟はイタリアに対する制裁を解除した。つまり、武力が法に勝利したことを公式に認めたのである。

この日から、もはや国際連盟など存在しないも同然となった。

†

それからしばらくしたのち、イギリスの小さな温泉町バースをよく訪れる湯治客は、つつましい家の前で立ち止まるのが習慣になった。ミスター・タファリの名でそこに居を定めている人物は、かつてのエチオピア皇帝である。同じ家には、皇后と皇子たち、そして長女にあたる皇女も暮らしている。新聞によれば皇帝はたくさん本を読むらしい。彼は、よくエチオピアについて、同じく亡命生活を送っていたカッサ侯と話しあっていた。彼の地エチオピアは「イタリアの平和《パクス・イタリアーナ》」のもとに置かれた。一部の諸侯はイタリアに協力していたが、レジスタンスの兆候がみられつつあった。グラツィアーニ将軍はすんでのところで暗殺からのがれている。冷酷無情な弾圧がそれに続いた。死者三万人と発表された。

もっとも、占領統治は悪いことばかりでもなかった。都市建築における長い伝統をもつイタリア人らしく、新しい支配者は目をみはるような道路網をつくりあげた。アディスアベバやほかのいくつかの町の近代化は成功をおさめていた。

ネグスは時機をうかがっていた。

†

一九四〇年六月一〇日、イタリアはフランスに宣戦布告をした。一二日になると、ネグスは対イタリア戦のエチオピアの参加を提案する。チャーチルはこの切り札を軽視するつもりはなく、ネグスを中東に派遣した。「ミスター・スミス」となった彼の姿はエジプトで、そのあとはハルトゥームでも目撃されるようになる。一方、イギリス人のサンドフォード大佐が、エチオピアへの介入の地ならしをはじめていた。

北アフリカではイギリス軍が敗北を重ねていた。ネグスが友好同盟協定を結ぼうとイギリスに申し出るのにこのタイミングを選んだのは、洗練されたやり方だった。イギリス政府は感謝とともにその申し出を受けた。エチオピアの抵抗運動の仕事をするために、新たに将校が現地に派遣された。のちに「エチオピアのロレンス」とあだ名がついた、かの有名なオード・ウィンゲートである。

ほどなくして、ウィンゲートはハイレ・セラシエをエチオピアによびよせた。ネグスは国境を越えるやいなや、生きている自分の姿を見て感きわまっている愛国者たちに行き会った。一九四一年一月および二月にはイギリス軍による攻撃が行なわれた。ラバにまたがったネグスは、かつて自分の帝国だった一帯を通って進んでいった。移動は困難をきわめた。到着した場所にはどこでも、エチオピア国旗が掲げられた。少将に昇進したサンドフォードが、ネグスの政治および軍事顧問になった。ウィンゲート中佐が「皇帝と軍事行動をともにしているイギリスおよびエチオピア部隊」の指揮をとった。

これらの部隊には五〇〇名の兵しかいないという劇的な状況であった。彼らの前には七〇〇〇人のイタリア兵が集まっている。イギリス兵は迷うことなく攻撃し、相手をうちのめした。ウィンゲートはイタリアとあっさりと協力関係を結んでいたハイル侯に対して、ネグスを支持するように提案したが、拒否されていた。ところが、ハイル侯はイタリア軍が退散するのを見ると、ウィンゲートのもとに来て、協力すると申し出たのだ。なんとイタリア軍将官の制服を着たままで。そこで、治安をとりもどす仕事をまかされることになった。ネグスに忠誠を誓うためにやってきた彼は、地面に額《ひたい》がつくほど深々と礼をした。

イギリス政府が躊躇していた一方で、ハイレ・セラシエはアディスアベバに行きたくてたまらない思いをしていた。パリを解放するためにド・ゴールがしたように、急いで進軍したかったのだ。一九四一年五月五日、皇帝はついにアディスアベバに入城する。いみじくも五年前のちょうどこの日にイタリア軍がやってきたのである。首都入城の先頭を行くのは、短パン姿で馬に乗ったウィンゲートの部隊。それに続いてエチオピア第二大隊が行進する。その兵士たちの中心で、車から身体を起こした皇帝の姿が見える。遠くでは高官も下士官もギデオン・フォース［イギリスのプラット将軍によって編成されたスーダン軍とエチオピアの抵抗勢力の兵士によるパルチザン部隊］を先導していた。

皇帝は見るからに、自分のまわりで広がる歓声に感きわまっていた。こうして宮殿に到着すると、厳粛な口調で彼は話しだした。

「わが部隊が敵の通信網を切断し、青ナイル川の向こうまで敵を追いつめていたあいだ、余は喜ばしい知らせを受けた。すばらしいイギリス軍がわが首都を占領し、スーダン軍が難攻不落と思われたケレンの陣地を粉砕したという知らせだった。だからこうしていま、余はわが都にいる」

なんというあざやかな意趣返しだろう。イタリア人に対してネグスは寛大な姿勢を見せた。この地で起業していた人々の多くはそのまま残ることができることになった。なかには、その後ネグスの親友にまでなった者たちもいる。ここでもふたたび、皇帝ハイレ・セラシエは政治家としての知恵を見せたのだ。経済計画にはかつての敵が必要になるとわかっていたのである。

占領統治のあとではいつものことであるが、レジスタンスに参加した者と占領統治に協力した者の処遇という深刻な問題が生じる。ハイレ・セラシエがここできわめて巧妙な策を講じたと知っても、驚く人はいないだろう。彼は忠誠心を見せなかった者たちのほとんどを赦し、愛国者たちには褒賞をあたえたが、騒がしさが少々目にあまる者たちには遠方の地方職につかせることにした。そうした人々が陰謀をめぐらしはじめるようなことが起きると、皇帝は絞首刑に処した。厳密には、その極刑を受けたのは二人しかいなかったが、それについて皇帝は長いあいだ非難を浴びることになる。

ハイレ・セラシエはつねに国際的なイメージを気にしていた。奴隷禁止が真に実効性をもつための措置も講じていた。男女をとわず、人身売買は無条件に死刑の対象になった。ここまでしているエチオピアが国際連合加盟を拒否されるはずもなかった。それどころか、創設国の一員となった。

ヤルタ会談の翌日、ネグスはエジプトでチャーチルと面会すると、続けてアメリカ大統領ルーズヴェルトにも会った。そうしたのはイギリスの影響力とのバランスをとるためであった。ルーズヴェルトに経済および技術支援を求めたところ、それを得ることができた。しかも大規模な援助を獲得したのである。

戦争は完全に終わり、全世界が変化した。ネグスは伝説の象徴となった。自由と暴君に対する抵抗と同義になったのだ。彼は勝者としてふるまい、イタリア領だったエリトリアを要求した。国際連合はついに連邦設立を認め、エリトリアは自治権を有しながらもエチオピア帝国と連邦を結成することになった。ただし、皇帝の頭のなかでは、これは過渡的な段階という認識であった。

事実一九六二年には、エリトリアはエチオピアのたんなる州の一つになっている。

†

さて、ハイレ・セラシエによってアディスアベバで公布された新憲法は、文字どおり真に受けるべきものなのかと識者たちは疑問に感じていた。依然として、王権神授説にもとづいた君主制をうたっていたからだ。だが、その君主制は、権力が増した国会、しかも上院下院の両院制によって一定の歯止めをかけられている。非常に目新しい点としては、下院議員は男女による直接普通選挙で選ばれるというものだ。エチオピアは公式に人権宣言を出した。

とはいえ、民主主義陣営においては、絶対君主制が維持されていることそのものが批判の対象になった。試練を受けたからといって、ハイレ・セラシエが変わったと信じるのは幻想だったのだ。ムッソリーニによる攻撃も、チャーチルからの友情も、彼の頭と心にしっかりと根ざしていた確信、すなわち「われこそは民のなかで選ばれし神の代理人」という確信を変えることができなかった。彼は臣民がみずからの意見を述べることを望んでいた。なぜならそれが時代の流れであったし、経済支援を受けるうえでの条件だったからだ。だが、自分の命令がかならずしも通用しないというならば、それは神を冒涜する行為だと考えただろう。

ゴントラン・ド・ジュニアック［元在エチオピアフランス大使。彼の著作『最後の王のなかの王』は本章における参考文献の一つ（原注1、6）］は、マグナ・カルタ［一二一五年にイングランド王ジョンが調印した王権の制限、法による支配の明文化がなされた憲章で、立憲君主制の発展に寄与した」制定とイギリスで普通選挙が導入されたあいだには七〇〇年以上の時が流れていると指摘している。ハイレ・セラシエが権力の座についたのは、中世そのままのエチオピアでのことだ。それから二〇年もたたないうちに、彼はさまざまな段階を駆けのぼった。だが彼自身は、自分としてはあたえることのできるもの以上のものをあたえていると考えていた一方で、ほかの人々は正反対の評価をしていたために、悲劇が生まれることになる。

†

近代化を進め、発展させる——それはたえず皇帝の頭から離れない残された課題だった。皇帝は軍事学校を設立した。そこから優秀な士官が輩出されるようになるが、彼の死刑執行人も生み出すことになる。全国いたるところに小学校を開校させ、二〇万人の児童を受け入れさせることもした。アディスアベバには総合大学を一校、さらにはいくつかの技術専門学校を設立した。それらの教育機関に数百人もの学生が通学したが、そうした人々がのちに皇帝を権力の座からひきずり下ろしたのだ。

ハイレ・セラシエの野心の根本をなしていた部分は、みじんも変わっていなかった。世界でエチオピアが尊敬を集める国になることである。彼は早い段階で、非同盟諸国による運動の重要性を認識した。エチオピアが一九五五年にバンドン会議に参加したのは、当然のなりゆきだった。

皇帝は自分が長いあいだ無視してきた、ひいては軽蔑してきたアフリカという立場からものを見るようになったのだ。一九五九年六月にはモスクワで、ピョートル大帝をたたえる行進曲の音色にのせて、フルシチョフが彼を盛大に出迎えたようすが報じられた。皇帝は、四億ルーブルの借款と文化および技術支援の約束をとりつけた。この約束は守られ、エチオピアにソ連の影響力が入りこむのをうながすという、将来的には重大な結果をまねくものとなった。同じ夏に、友好関係のバランスをとろうという思惑に沿って、皇帝はチェコスロヴァキアとユーゴスラヴィア（ハイレ・セラシエがティトーを訪ね、ティトーはアディスアベバを訪問した）、そして公式訪問のしめくくりとして七月二一日から二三日までフランスに行ったことが知られている。

フランス大統領となっていたド・ゴール将軍は、タラップの下で皇帝をぜひとも迎えようと飛行場で待っていた。二人とも軍服を身につけており、いっしょに閲兵を行なった。ミシェル・ドブレ首相をはじめとして、その場にいただれもがその光景を忘れることはなかった。白髪交じりの髭をたくわえた小柄な男が、将軍の右側に立って歩いている。カーキ色の軍服に革ベルトをしめ、つり帯も下げ、てっぺんが平らな少し高さのある軍帽をかぶっている。軍帽の頭まわりには赤い布がぐるりと縫いつけられ、正面の中央には彼の国の紋章があしらわれている。左側の胸もとはゆうに四〇個はあるだろうカラフルな勲章で飾られていた。背が高いフランス大統領は、とても小柄なお客様に向かって身体をかがめた。そのせいで、まるで子どもに話しかけているように見えた。

ネグスは、フランス・エチオピアの友好関係を称賛し、彼がいだいているド・ゴール将軍に対する深い尊敬の念を存分に表わした。自分がパリにやってきたのは、ますますやっかいな状態になっている自国とソマリアとの関係にかんしてフランスの支持をとりつけるためだ、と隠すこともなかった。ソマリアは国連によってイタリアに信託統治されていたが、一九六〇年に独立する結果となった。ソマリ地域のナショナリズムをネグスは心配していた。

こうしたむずかしい状況から、ハイレ・セラシエは決定的に非同盟主義とアフリカ主義の方向へ傾くようになった。そこで、ティトーとの関係を強化し、一九六一年にベオグラードで行なわれた非同盟諸国首脳会議に出席した。彼は非同盟諸国のドクトリンをこのように定義した。「冷戦時における非同盟国の政府は中立である」。さらに一歩進めてこのようにも言った。「われわれ非同盟諸国は世界の集団的な良心になることができるだろう」

ソ連による核ミサイル基地の設置が世界平和を危機にさらしたキューバでの劇的な米ソ対立が終結したとき、ネグスはケネディとフルシチョフに電報を送ったが、彼がとくに称賛したのはフルシチョフであったことが注目された。それでもバランス政策の一環で、アメリカへの定期的な訪問も続いていた。ケネディ大統領は愛想よくネグスを迎えながらも、少しずつ慎重な姿勢をまじえるようになっていた。その大統領が暗殺されたとき、ネグスはこのように聞いたという。

「ド・ゴール将軍は葬儀に行くのかね?」

行くという答えを聞くと、このように声をあげた。

「ならばわれも！」

†

異論の余地なく、ハイレ・セラシエは自身の統治における絶頂期にいた。彼が実質的に権力の座についてから四四年がたっていた。六八歳だというのに、まだ彼は、みずから武器を手にしてライバルだったイヤス派をたたきのめした若かりし君侯の頃の体型を維持していた。たしかに身長は伸びず、公式の式典で彼を囲む高官たちは頭一つ、あるいは二つ以上、彼よりも背が高かった。あいかわらずやせており、華奢だったが、メネリク二世を驚嘆させた身体の強さはそのままだった。親衛隊の演習では、軍用車のジープに乗りこみ、立ったままその作戦を見守ることにこだわった。しかも、それが明け方から正午まで続いたのである。部隊が彼の前を数時間かけて行進するときも、気をつけの姿勢で立ったままだった。情報筋は驚くべき詳細を入手していた。彼が人前で食事をするときは、決して椅子の背もたれによりかかろうとはしない。歩くときは、あまりにも背筋をぴんと伸ばすので、どうしたらあんなに当然のようにしゃちこばっていられるのか、それを見た人たちは疑問に思っている…。実際のところ、彼は小柄な男性がよくやるようにふるまっていた。一センチメートルたりとも身長を低く見せたくなかったのだ。

ハイレ・セラシエの一日がどのように進行していくのかもよく知られていた。夜明けとともに起床し、すぐさま礼拝堂で祈りを捧げる。それから執務室に行く。治世の大部分において、執務室は彼の父親が暮らした邸宅にあった。皇帝はその邸宅のことを「諸侯たちの天国」とよんでいた。一九六〇年以降、執務室はジュビリー宮殿におかれたり、旧宮殿におかれたりするようになる。毎日午前中は執務に割《さ》かれていた。大臣を迎え、会議を開き、だれに会うかを決める。午後一時に昼食をとったが、彼の生活のすべての状況においてそうであったように、徹底した時間厳守がつらぬかれていた。食卓には金メッキがほどこされた銀の杯が置かれ、給仕頭がときには六〇輪、あるときは八〇輪の同時期に開花した同色のバラを挿した。何年ものあいだ、一途《いちず》な料理人は皇帝に「エチオピア名物」をお出しした。しかしながらある日のこと、皇帝はこの慣習に幕を引き、断固としてこのように言った。

「なにがなんでも避けなければならないものが二つある。この国の料理と伝統的な宴の夜だ」

彼はごく小食であり、食事にはグラス一杯のシャンパンがそえられた。いつも同じ銘柄のシャンパンだった。マム・ドゥーブル・コルドンである…

食事のあとは、客としばらく談話を楽しむのが常だった。客が帰るとすぐさま、ドイツ人のオットー医師の強い勧めにしたがって、午後三時まで昼寝をした。午睡が終わる時間になると、引見を許された者たちがやってくる。午後四時三〇分、重要人物とお茶を飲む。夕方になると宮殿を出て、鎖につながれたライオンが行ったり来たりしている庭に行き、見せつけるかのようにそのそばでのんびりとすごす。そのライオンは彼の王朝の象徴であり、カメラマンにとってはありがたいネタとなっていた。それからロールスロイスに乗る。車は、いつも首都近郊ではあるが、その日散歩をする場所として選ばれたところへ彼を乗せていく。皇帝はユーカリの木陰になる道を好んだ。彼に近しい人が一人かせいぜい数人、そのお供をした。彼の足下には散歩についてきたお気に入りの犬がいる。ほとんどいつもといっていいほど、その犬はチワワだ。彼はおそらく、あの小さなサイズが自分の体格にちょうどよいと思っていたのだろう。少し距離をおいて、ロールスロイスもあとに続く。

帰り道はいつも、人々が車の前に身を投げ出し、膝をつき、紙をもった手をふっていた。運転手の隣に座っていた皇帝の側近がその紙をもぎとるのである。こうした「嘆願書」は宮廷の大臣たちによって検討される。

夕食は家族とともに食卓を囲んだ。そのあと皇帝は、宮殿の上映室へと向かう。彼は映画に対する情熱も、フランス映画を好むことも隠さなかった。上映が終わると、私室に引き上げ、たいていの場合は歴史書を読んだ。なかでもナポレオンにかんする本がことのほかお気に入りだった。フランス人の皇帝について書かれた本のコレクションを喜んで見せたものだ。しかもそのために、一室まるまる専用の書庫になっていた。寝る時間はいつも同じだった。午後一一時から一二時のあいだである。

一九六〇年一二月一日、ハイレ・セラシエは、彼の人生で何度も行なった世界をまわる長期旅行の一つに出発した。これは習慣として行なっていただけでなく、彼自身が好んでいたのである。今回はアフリカを数か国訪問するだけでなく、ブラジルまで行く予定だった。アディスアベバに戻るのは同月の二一日か二三日になると発表していた。

彼が出発してから一三日目、青天の霹靂のごとく、エチオピアの首都で反乱が起きた。首謀者たちは、皇帝の嫌悪すべき絶対的権力に終止符を打つという野望を発表した。

陰謀の発端はある二人の兄弟だった。一人は親衛隊の隊長だったメンギストゥ・ネウェイ将軍、もう一人はある郡の長官をつとめていたギルマメ・ネウェイである。二人はエチオピアの名家の出身だった。ギルマメは賄賂を受けとっていたという証拠をつきつけられて、ネグスによって罷免されていた。そのせいで彼は皇帝のことを際限なく憎んでいた。正式な共産党員ではなかったが、マルクス・レーニン主義への傾倒を隠したこともなかった。彼の当初の計画は、無条件に皇帝を亡き者にすることだった。だが、メンギストゥは謀反計画にくわわりながらも、殺害は拒否した。そこで、数多くの外遊の一つを利用して、皇帝を追放することに決めたのである。秘密裏に親衛隊の若き士官と高級官僚で構成された革命評議会が結成された。

数時間で共謀者たちは、アディスアベバの戦略的に重要な地点と、ラジオ局をふくめた反乱を指揮するのに要《かなめ》となる場所を掌握した。大臣たちも、現体制でもっともめだった地位にいる人々も拘束された。軍のなかでも無視できないほどの数の兵士が彼らにくわわった。多くの学生たちが、新政権を求めて町中をデモした。おまけに皇太子まで、ラジオでクーデターに好意的な声明を出したのである。

ネグスが肝をつぶすような知らせを受けたのはブラジルでのことだった。すぐさま帰国を決めると、専用機であるダグラスＤＣ－６に乗りこんだ。飛行機がハルトゥームに着陸すると、そこから彼はエリトリア州知事に電話をした。反乱は州にまではおよんではいないが、アディスアベバで抵抗活動が起こっていると知事は皇帝に知らせた。皇帝に忠実な兵士たちが、メレド将軍の指揮のもとで反乱軍ゲリラに対して優位に立っていた。ネウェイ兄弟は、敗北がせまっていると見てとると、宮殿に閉じこめていた人質たちを機関銃で虐殺した。そのなかには数名の大臣と、宮殿の礼拝堂司祭だったアッバ・ハンナもふくまれていた。

一七日の土曜日、ハイレ・セラシエはアディスアベバに到着した。道中、人々は彼を歓迎した。喫緊の課題は、皇太子の処遇であった。理屈のうえでは、この反乱は皇太子を旗頭にいただいていて、イムル侯［ハイレ・セラシエ一世の従甥《いとこおい》］を首相職に、ブリ将軍を軍の総司令官に任命したのも、皇太子の名前で行なわれている。そして皇太子はラジオから「民衆を鎖でつなぎ、暴政をふるった」という「少数派の特権階級」から民衆は自由になるのだと呼びかけている。そして声高に「幸福の道へと歩むそのときが来た、と民衆に対して発表できるのはわが幸せのきわみだ…。きょう、エチオピア国民は真の歴史の一歩をしるす。真の歴史とは、威厳と栄光に包まれた名誉を見いだせるものでなければならない…」と言った。それは皇太子の本心からの言葉なのだろうか？　生きたまま身柄を確保されたメンギストゥ・ネウェイは、自分こそが新しい政権を任命し、皇太子はそれにはまったくかかわらなかった、と供述した。首相に任命されたとラジオで報じられたイムル侯も、これについて打診などされなかったようだ。皇太子とイムル侯がいっしょに宮殿に到着したのを見た目撃者がいる。二人は完全に武装した男たちの護衛のもとで到着したが、その兵士たちは彼らに敬意をはらっているというよりは、まるで徒刑人を監督する看守のように見えた、という。それなりにていねいに扱われていたとはいえ、二人は二階の部屋へつれていかれ、そこから出ることを禁じられた。ならば皇太子のラジオ表明はどう説明するのか、という疑問が残るが、彼は用意された文面を監視のもとで読み上げたにすぎない。しかもどのような形の体制になるのかも、新政府の構成にも言及していない文面だった。

以上の説を皇帝は選ぶことにし、支持することにした。空港に到着するとすぐに、起きたばかりの騒乱は「数人の無責任な個人」のせいであると言明した。それにくわえて、自分の息子は完全に無関係だったと力説した。今日にいたっても、ほんとうは何が起きたのかを確信をもって判定することはむずかしい。息子を無実にすることを選んだネグスは、なによりも国家の存続を心配する一人の人間としてふるまったのだ。皇太子に非があると宣言し、裁判をはじめてしまったら、エチオピア国民を深い混乱におちいらせることになっただろう。ここでもふたたび、ハイレ・セラシエは「まず政治を！」を格言とする人間としてふるまった。つまりなによりも政治的判断を優先したのである。一族であるイムル侯にも同様に対処した。表面上ではあっても、皇帝はイムル侯に以前と変わらぬ友情をいだいており、彼はいつもともに食事をとる一人であり、公式晩餐会で自分と同じテーブルにつくのを許しているごくわずかな面々の一人であることに変わらないという態度を示したのだ。

それから数週間、皇帝は会いに来る人にはだれに対してでも、このような話をくりかえした。

「軍によるクーデターは流行《はや》っている。ここでもそれをやってみようと思った者がいても、われわれは驚かない。しかし、それはわが国の経済や政治の進歩を遅らせるだけである。それに、われわれは帝国の一五人の高官が殺されたことを容認するなどできない…」

ハイレ・セラシエに忠実な勢力が三〇〇〇人から四〇〇〇人を投獄し、そのうちの七〇〇〇人が捜査のために拘束された。ここでも皇帝の寛容さがつらぬかれた。皇帝は、軍のほぼすべての兵士たちをほかの部隊へ移すように命じただけだった。この件で責任があるおもな士官たちは、戦闘中に射殺されている。死ななかった士官たちは禁固刑に処された。

さてネウェイ兄弟はどうしただろうか？　二人はバイエ・テラフン隊長にともなわれてズクアラ方面へ逃げようとしたが、追跡した警察が彼らを見つけ、発砲した。ゲルマメ・ネウェイと隊長はその場で死亡した。だが、メンギストゥ・ネウェイは重傷を負い、第一師団の病院に搬送された。その後、彼は死刑判決を受け、絞首刑に処された。なお、ゲルマメとバイエ隊長の遺体も、聖ギオルギス大聖堂の前に設営された絞首台に丸一日つるされている。

†

ハイレ・セラシエは能天気を演じるにはあまりに賢すぎた。心穏やかなふりをしていたが、彼のなかでなにかが壊れてしまった。なぜ、あの運動が親衛隊からはじまったのか、なぜ全幅の信頼をおいていた人々がたとえ数時間であってもそれに参加することができたのか、彼には理解もできなければ、理解したいとも思わなかった。皇帝の肝煎りでつくられた大学は、未来のエチオピアのエリートを輩出するはずだったが、その当の学生たちが反乱に拍手を送ったことも同様に理解できなかった。皇帝にいわせれば、絶対君主制こそがエチオピアが生き残っていくうえで必要な条件であるのに、どうして彼らは絶対君主制反対などと叫んだのだろう？　これらの疑問に対する答えをむなしく見つけようとしたが、見つけることができなかった。皇帝は失望し、幻滅してしまった。彼の心は悲しみから抜け出せなかった。

そこで皇帝は、アフリカで心を癒やそうとした。アフリカの独立運動にはこれまでただ賛同していただけであったが、それをはるかに超えた態度をとるようになった。いまや自分こそが精神的指導者、さらには舵とり役であるかのように仰々しくかまえるようになった。一九六二年になると、皇帝はギニア大統領のセク・トゥーレに、アフリカ統一を提起する会議を開こうと申し出た。そしてその会議をアディスアベバで開催すると提案し、了承されたのである。そこで参加者を丁重に迎えるための大きなホテルと、会議の会場となる宮殿「アフリカ・ホール」を建造させた。会議の出席者を驚かせたのは、宮殿正面の大階段だ。その階段は、エチオピアが「聖火を運び、アフリカ大陸の人々を自由な国民国家という未来へと導く」ようすを描いた巨大なステンドグラスへとつながっていた。

アフリカ有数のリーダーたちがみな駆けつけた。唯一欠席した国は、モーリタニアが出席したために不参加を表明したモロッコだった。エジプトのナセルも出席し、アルジェリアからはベン・ベラも、コートジヴォワールのウフェ＝ボワニも、セネガルのサンゴールも、そしてガーナのエンクルマも参加した。皇帝は開会式でスピーチを行なった。会議に参加した人々はその声を、最初は驚きをもって、それから注意をはらい、やがて感動とともに聞いた。まるで積み重ねた年月の深みから出されたかのようなその声は、経済を優先すべきだと説くと、力強く確信をもって具体論へと移り、アフリカ銀行とアフリカ開発機関の設立が急務だと指摘したのだ。国防にかんしては、平和的に紛争を解決するために大陸規模での支援と仲裁をする組織設立を提唱した。そしてアパルトヘイトを非難したのである。演説の結びの言葉は、まさに懇願の体をなしていた。「この会議は、アフリカ統一憲章が採決されることなく終了してはならないのです！」と、彼は声を張り上げた。「もしそれがなされないならば、アフリカに対して、そしてわれわれが統治する人々に対する責任をまっとうすることができなくなるでしょう。けれどもそれに成功したら、そのときは、そのときだけは、われわれがここに来たことを正当化できます！」

皇帝の演説は成功をおさめた。彼がいましがた熱弁をふるって擁護したアフリカ統一機構がその場で設立されたほどの成功だった。アフリカ統一機構の父が彼であることはだれも否定しないだろう。

会議の公式セッションが終わるたびに、たいそうなパーティーが開かれた。ネグスはメネリクのかつての宮殿で贅をつくした宴を催し、斬新なことをしてゲストをそろって驚かせた。スーツを着て入り口で客を出迎えたのである。

一九六六年にもう一つ実現したことがあった。ド・ゴール将軍が彼を訪問したのだ。皇帝は是が非でも二年前にイギリス女王のために行なった同じ典礼を行なうことを望んだ。ド・ゴールは、六頭の白馬が引く馬車にハイレ・セラシエとならんで座ってアディスアベバに入る。ド・ゴール夫人は、皇帝の孫娘の一人にともなわれて、四頭の鹿毛の馬が引く別の馬車に乗ってそのあとに続く。アフリカ・ホール前の広場では、若い娘たちが一行に向かって何千枚ものバラの花びらをふりまく。この傑出した賓客のために一五〇〇人が集まる晩餐会が催され、エチオピア料理のみならず、フォアグラ入りの温かいブリオッシュやフェンネルで味つけられた一等級のリムーザン牛のステーキといったフランス料理がふるまわれた。ド・ゴール将軍は「その勇気と先見の明が、はかりしれない試練をのりこえて祖国の運命をたしかなものにし、全世界を前に消しがたい印象を残した君主」に敬意を表した。そして二人の運命を同列に比較し、いずれもまず直面した「おそろしい不運」、次に「自由を求める陣営再築のはじまり」にふれ、これらすべてが「陛下、わたしたち二人を戦友にするのと同時に友人にしたのです」としめくくったのである。このスピーチに負けじと、皇帝はド・ゴールを「今世紀でもっとも偉大な人物の一人であり、フランス文化と文明を代表するもっとも傑出した人物の一人」だと称賛した。

この訪問によって両国は、エチオピアにおけるフランス語教育がこの先も優先的な扱いを受けることに合意した。バイエルン王ルートヴィヒ二世が、ルイ一四世を自分の思想上の師になぞらえたように、ネグスの目には、ド・ゴールが一種の模範とすべき統治者に映っていた。そのこともあって、一九六八年のフランスでの五月危機と反体制派の台頭には胸を痛めていた。少し苦々しそうに「自国のためにつくした男にこんな仕打ちをするとは」とくりかえしたという。あのとき皇帝は、自分自身の運命を見つめなおしていたのかもしれない。

†

ハイレ・セラシエは、老いてもなお、一寸たりとも自分の野心から遠のくことはなかった。エチオピアはあいかわらず貧しい、とても貧しい国だったからだ。ナセルがナイル川でやったように、自国にエネルギーをもたらそうとダム建設を計画した。そのために融資してくれる相手を探した。中国にすら出向いたのだ。周恩来に温かく迎えられたが、またもアメリカは眉をひそめることになる。世界中で皇帝の人物像がますます対照的に描かれるようになった。彼のことを思慮深い外交官、知的な人、礼儀をわきまえ、高貴で、頭の回転が速く、深い感性をもった人だと絶賛する人がいる。ムッソリーニに抵抗した勇気や、国を発展させ、エチオピアが世界で重要な役割を担えるようにしたいという、そのたゆまぬ野心は忘れられてはいない。以上の人物像は、彼の真の姿を映し出しているといえる。

その一方で、どんな犠牲をはらっても自分の権力を守ることばかりにかまけて、自分のまわりには自分を崇めたてまつることを強制し、エリート層の腐敗によって君臨し、ときにはやっかいな競争相手を排除するすべを知っている男だと描写する人たちもいた。この人物像も同じく、彼の真の姿を映し出している。国際連盟、国際連合、アフリカ統一機構、非同盟運動を代表し、国際社会における道徳心を説く男でありながら、臣民が平身低頭してあいさつするような中世の専制君主であり、チェック機能がいっさい存在しないまま、自分の個人資産と国庫を混同しているのである。彼が好んで大臣に任命するのは無能な人間であるのも、そうすれば自分が確実に彼らを支配できるからだ。まわりの人々すべてを疑うあまり、もっとも卑屈な人々を優先している。

エチオピアに来る外国人はますます増えていったが、彼らはあまりにもひんぱんに目にする光景を厳しく評価し、そのようすを書き記している。こうした人々の手による記事が世界中で発表されるたびに、ネグスの人気が少しずつ落ちていった。たとえばイタリア人女性記者のオリアーナ・ファラーチは、皇帝が橋の完成式典のためにゴンダール州を訪問したさい、彼に同行したことがあった。彼のあとをいつもお気に入りの二匹の犬、チワワのルルとパピヨンが追いかけていく。彼女は、皇帝の天幕のそばのオープンエアでの食事に同席した。羊が十数匹、首をかき切られ、肉を焼くにおいがまわりにただよっていた。高官やコプト正教会の司祭たちがそれをむさぼっている。そこから遠くないところでは、衛兵に威圧されるなかでぼろぼろの服を着た、往々にして傷だらけの貧しい人々が数百人もひしめきあっている。すくなくとも切り落とし肉、くず肉でいいからおこぼれに与《あず》かろうと待っているのは明らかだった。給仕が臓物や頭や骨を大皿にのせてもってくるようすを、期待に胸をふくらませながら眺めている。だが、給仕が向かうのは彼らのほうではなく、小型機関銃で武装した兵士によって警備されている一画のほうだ。そこには皇帝の犬たちが待っている。犬に残飯を運んでいたのだ。かれこれ三時間、貧者たちは自分たちの存在を忘れてもらうまいとうめき声をあげていた。むなしさだけが残った。

食事の時間は終わった。ハイレ・セラシエはにこやかにジープに乗りこんだ。車はゆっくりと発進する。ファラーナは、皇帝の足下にエチオピアブル札がつまった箱が置かれたことに気づいた。人混みのなかをジープが進んでいき、皇帝は札びらをわしづかみすると放り上げた。老若男女とわず、それらをひろおうとしてわれ先に駆けよってくる。なかにはふみつけられている人々もいる。ジープは去っていく。皇帝は満足そうだ。自分は善をほどこしたと信じているのだ。

もう一人、ポーランド人ジャーナリストのリシャルト・カプシチンスキは、アフリカ統一機構首脳会議のために行なわれた大晩餐会に出席したことがあった。贅をつくした装飾でおおいつくされた旧宮殿で行なわれた晩餐会だった。皇帝とナセルの到着をトランペットの音が迎える。そのあとは帝国国歌が響きわたる。招待客を待っているのは肉の山に巨大なケーキだ。そして世界各国からの高級ワイン。とくにフランス産ワインが大量にそそがれる。熱気がこみ上げてくる。カプシチンスキは息をつける場所を探して、だれにも気づかれないように宮殿の外に出た。外ではすっかり日が落ちて、雨が降り、寒くなっていた。彼は大きな皿の上に晩餐会の残り物がのせられて運ばれていくのを見た。つぶれた野菜、魚の頭、肉片などである。どこに行くのだろうと気になったカプシチンスキは給仕たちのあとをついていった。すると夜の闇のなか、小屋の陰になにかが動くのが見え、ぶつぶつつぶやき、ため息をつき、もぐもぐと食べる音が聞こえてきた。目をこらすとはっきり見えてきたのが、地べたに座りこんだ裸足の物乞いの一団だった。給仕は彼らに残り物を放り投げた。狂ったように彼らはそれにくらいつき、獣のようにむさぼった。カプシチンスキいわく、彼らの飢えは「苦悩と恍惚のなかで満たされたのだ」。

彼は宮殿に戻り、ふたたび晩餐会が開かれている部屋に入った。別の給仕たちが香の煙とバラの香水をふりまいている最中だった。

これらの証言の信憑性は疑いがないだろう。そしてネグスの老いも否定できなければ、同時代の問題への無理解も、時代が変わったことを認識できていなかったことも否定できない。彼は何百人もの若者を海外に送りこんだうえ、その学費も負担してきた。自分から恩恵を受けた若者たちが帰国後、あのイタリア人やポーランド人と同じように、気まずさや恥をおぼえるとは理解できなかったのだろう。

この国ではあまりにも貧困が、あまりにも飢餓が広がっているではないか。それなのに毎日、ハイレ・セラシエがみずから宮殿の庭のライオンに餌をやっているようすを、だれもがいやでも見せつけられる。それを若者たちが快く受け入れられるわけがない。若者たちが勇気をふるって皇帝に質問したとしたら、きっと彼は余裕の笑みを浮かべて、このならわしは由緒あるものであり、ユダの獅子から生まれた象徴にかかわるものだから、と答えたことだろう。すると、それを聞いた若者たちは、さらに憤りをおぼえるのだ。時間がたてばたつほど、皇帝と国民の乖離は大きくなる一方だった。皇帝はかなりの数の自動車を所有していて、ガレージにはロールスロイスやメルセデス、リンカーン・コンチネンタルがならんでいた。それは彼にとって、至極当然のことだった。豪華絢爛であることは、統治術の一部をなしているからだ。ヴェルサイユにルイ一四世が世界でもっとも豪華な宮殿を建造したのは、君主としての人格に華をそえるためであり、国家の最大の利益のために君主を美化するためである。ハイレ・セラシエにとっては、いまもなお、そのような考え方は明々白々であることには変わらなかった。なにが悲劇であったかといえば、すでにルイ一四世の時代は終わっていたことである。

さて、この頃、エチオピアの北部の州では大規模な飢餓が起きているという話を耳にするようになった。外国人が告発したのである。皇帝は憤った。よけいなお世話ではないか。一九七三年、イギリスのジャーナリスト、ジョナサン・ディンブルビーが、ある取材の一環で、飢餓が起きていることを偶然知った。彼はぞっとするようなこの光景を録画した。自国に戻ると、皇帝の奢侈《しゃし》な暮らしぶりを伝えるほかの映像と交互に出すような形で編集した。できあがった作品は『エチオピア――知られざる飢餓』というタイトルがつけられて放映された。衝撃が走った。世界中の記者やカメラマンがはせ参じた。国際支援の輪が広がった。生活必需品がいっぱいにつめこまれた船や飛行機がたくさんやってきた。すると、すぐさまエチオピアの税関は輸入関税を要求したのだ。送られた大量の食料が横流しされ、販売されていることが明らかになった。その利益を得たのはだれだろう。儲けた者のなかには皇帝の側近たちもいた。

もはや外国発のニュースを禁止できるような時代ではなかった。アディスアベバでは、飢餓と同時に帝国当局の態度を告発するアメリカやイギリス、フランスの新聞が読める。若き士官や学生たちは結集した。この二重のスキャンダルに終止符を打つことを決断したのだ。

†

歴史上もっとも奇妙な革命劇であった。新政権が樹立されたが、ネグスはそれを無視したがった。大臣たちが逮捕されると、ネグスは淡々と新たにほかの人たちを任命する。すると彼らもまた逮捕された。クーデターを首謀した士官たちは宮殿にやってきた。皇帝は彼らがきちんとした身なりをしていることをほめた。身なりを整えることが伝統であり、皇帝は最後までそこに執着したのである。宮殿の高官や侍従、衛兵、従僕たちも逮捕された。皇帝にはなにも見えていないようだった。そもそも彼はなにも見なかったのかもしれない。あいかわらず同じ時間に起床し、だれも来なくなった会議室へ行き、食事をとりに行き、午睡をとり、引見室へ行ってむなしくだれかが来るのを待った。しまいには、彼と宮殿に残されたのは一人の老いた従僕だけになった。

宮殿の外では革命政権が樹立されていた。当初、政権は宮殿にも、そこで孤独に暮らすあるじにも、手をつけなかった。だがある日、一台のフォルクスワーゲンが皇宮の前に止まった。兵士たちが降りてきて、皇帝についてくるよう丁重に頼んだ。皇帝は車に乗りこむときに、その狭さに少し驚きの表情を見せたが、まったく抵抗するそぶりは見せなかった。ある屋敷につれていかれたが、そこではじめて囚人のように扱われた。皇帝は反抗することなく、なにもたずねなかった。夢を見ているつもりでいたのかもしれない。外では暴力の連鎖が続いていた。告発、逮捕、殺害、虐殺――そのなかでハイレ・セラシエは生きつづけた。体調が悪いと申告すると、医師たちが派遣された。外科手術が必要だという結論になった。彼は病院につれていかれ、手術がほどこされ、看病がなされ、回復した。だが一九七五年八月二五日、彼の具合が悪くなった。公式発表によれば、二七日の午前中にネグスがベッドのなかで亡くなっているところを発見されたという。八三歳だった。

自然死だったのだろうか？　噂が駆けめぐり、そのなかには共産主義政府の命令で、皇帝は寝具のあいだにはさまれて窒息させられたというものもあった。ようやく発言の自由が認められるようになったエチオピアで、通説として認められているのは、致死量が計算された麻酔剤を看護師に注射されたことによって、皇帝は亡くなったというものである［なお、一九九〇年代にエチオピアで行なわれた裁判で、ハイレ・セラシエは病死ではなく、一九七五年に当局に絞殺されたという従僕の証言があった。また、一九七四年一一月の強制廃位のさい、宮殿からつれだされた直後に射殺されたという説もある］。

エチオピアを待っていたのは軍事政権だった。かつてネグスが長年放置したと非難された貧困よりも、さらにひどい貧困が待っていた。またも国民を苦しめた政権中枢が、権力の座から追い出される番になるまで、二〇年近くの歳月がかかったのである。

長いあいだ、エチオピアを統治した男の遺骨はどこにあるのかわからなくなった、と信じられてきた。ところが一九九二年初頭、ある技術者が意を決して口を開いたのである。彼はネグスが亡くなってからほどなくして、一九七四年にマルクス・レーニン主義政権を発足させた中心人物であった独裁者メンギストゥ・ハイレ・マリアムの執務室で、ある任務を命じられたときのようすを語った。元皇帝の遺骸を埋めるために、三メートルの深さの穴を掘るよう命令されたというのだ。そこで、彼が示した場所を掘り起こすことになった。すると、まさにそこから遺骨が発見されたのである。

発見された遺骨は旧宮殿の入り口にあるバエタ・マリアム教会に運ばれた。赤いモワレ加工の織物でおおわれた墓のなかにハイレ・セラシエが眠ることになった。教会の前に枝をはったオリーブの木々の陰で、男たちも女たちも階段を守る獅子の石像によりかかりながら一日中座っている。膝の上に開いた祈りの書の雅歌をくりかえし唱えているのだ。

一九九二年七月に、最後の皇帝の遺骸をアディスアベバの三位一体教会に移す予定があった。彼を崇める多くの巡礼者たちが駆けつけた。はるか遠方からやってきた者もおり、そのなかには二〇〇〇人のジャマイカ人［タファリ侯（ラス・タファリ）すなわちハイレ・セラシエを崇めるジャマイカのアフリカ回帰運動ラスタファリズムの支持者］もいた。だが、政権上層部が突然、遺骸の移転を無期延期すると発表したのである[7]［その後二〇〇〇年一一月に三位一体教会への改葬が行なわれた］。

ともかく確かなことは、よい麦と毒麦を分けるときに［新約聖書にある毒麦のたとえ。最後の審判のさいに善人は天国、悪人は地獄へと選り分けられるという］、歴史は、ハイレ・セラシエが五八年間の治世で自分の国が自由で尊敬されるよう望んでいたことを思い出すことだろう。彼が自分の人生でもっとも驚愕したのは、飢餓が理由で権力を奪われたことだった。それ以外ならば、あらゆることを想定していただろう。親衛隊員が飢餓について皇帝と話すと、このような答えが返ってきたという。

「父の時代にもそのような飢餓はあった。祖父の時代にもあった。曾祖父の時代にも。ここではいまにかぎったことではないのだよ」

彼は率直だった。自分が悪いとは感じていなかった。歴史において、罪悪の定義ほど相対的なものはない。

〈原注〉

1　Gontran de Juniac : *Le Dernier Roi des Rois* (1979). ハイレ・セラシエについて書かれたこの伝記は、このテーマについての参考文献としてみなされるべきものである。
2　Pierre Pétridès : *Le Livre d'or de la dynastie salomonienne* (1964).
3　*Le Monde*, 29 janvier 1994. Article de Corine Lesnes.（一九九四年一月二九日付ル・モンド紙、

コリーヌ・レーヌ記者の記事）

4 Max Gallo : *L'Affaire d'Éthiopie* (1967).

5 Anthony Eden : *Face aux dictateurs*, tome I (1963). ロバート・アントニー・イーデン『イーデン回顧録』（全四巻）、湯浅義正／町野武／南井慶二訳、みすず書房、二〇〇〇年。

6 Gontran de Juniac、前掲書より引用。

7 Corine Lesnes、前掲記事。

9 ラインハルト・ハイドリヒ（一九〇四―一九四二）はプラハで死ななければならなかった

暗い時代だったが、その年の春は、昔に帰ったかとプラハ市民が思うほどキラキラと輝いていた。日の出とともに「黄金の都」の壮麗な建造物の上に薄くかかった靄《もや》は、またたくまに消えた。一九四二年五月二七日、雲一つない青空だった。朝から暑かった。行きかう人々は笑顔で「ごきげんよう！」とあいさつをかわした。

プラハの北の、別荘と小売店しかない郊外の村ホレショヴィツェでは、庭園がさながら色彩の饗宴のようだった。リラが香り高く咲いていた。

プラハへ向かう道を一台のメルセデスのオープンカーが走っていた。乗っているのは運転手と、その隣のＳＳ（ナチ親衛隊）大将だけだった。ヘアピンカーブに差しかかった車は速度をゆるめた。すべてがまたたくまに起きたので、居あわせた人々――路面電車の乗客、買い物に出た女たち、ぶらぶら歩いていた人々――は、ちらりと目にしただけのことを後になって思い出すのに苦労したものだ。

ちょうど一〇時三〇分、一人の男が飛び出し、武器をメルセデスに向けたが、その短機関銃は故障していて弾が出なかった。すぐに別の男が爆弾を投げると、爆発が起き、煙と叫び声と流血の騒ぎとなった。

襲撃は成功した。ベーメン（ボヘミア）・メーレン（モラヴィア）保護領総督（代理）ラインハルト・ハイドリヒは完膚なきまでに打ちのめされた。

†

すべては八か月前の一九四一年九月二七日にはじまっていた。ノイラート総督が「弱腰」だとしてヒトラーの不興をまねき、総督代理としてラインハルト・ハイドリヒがプラハに到着したときである。ハイドリヒにかんして、ヒトラーが同じような心配をする必要はなかった。SSの機関紙「ダス《黒》・シュヴァ《い》ルツェ《軍》・コー《団》ア」が「見た目はまさに人々が思い描くとおりのSSであり、忠誠ひと筋の人物である」と報じており、ハイドリヒについての評価はこれにつきた。ハイドリヒに「若く残酷な死神」を見たという歴史家カール・ヤーコプ・ブルクハルトの意見にも通じる。長身のブロンドで筋骨隆々のスポーツマンであるハイドリヒの外見は、どう見てもSSの入隊検査を受けたら失格だったと思われるヒトラーやヒムラーとは対照的だった。この容姿には一つだけ「キズ」があった。一〇代から腰が妙に丸く、一九四一年のこのときも妙に中性的な感じが目につき、いまだにずんぐりしていた。ゆえにハイドリヒは、写真は上半身で撮られるのを好んだ。もっとも印象的なのは、彼の目の金属的な輝きだった。ハイドリヒのこうした特徴について、ドイツの歴史家ヨアヒム・フェスト[1]の次の一言ほど簡潔明瞭な表現をわたしは思いつかない。「国家社会主義は彼の本質とはなはだしく結びついたかに思われた」。ドイツ第三帝国への絶対的服従の意志、ひとにぎりの人間による数百万人の支配を固める意志、時代遅れの概念と決めつけた正義と温情の容赦ない否定を、ラインハルト・ハイドリヒほど体現した者はいなかった。ヒトラーはラインハルト・ハイドリヒを「鉄人」とよんだが、国家社会主義者の原型をまさに言い表わしている。

意外なことに、この狂信的なナチ党員ハイドリヒは、ユダヤ人の先祖がいるとの疑いが党内にはびこるなか、キャリアを積み重ねたのである。同僚たちは、ハイドリヒの母方の祖母がユダヤ人だったと信じていた。ヒムラーからこのスキャンダラスな汚点について報告を受けたヒトラーは、本人と個別に話しあいの場を設けたといわれている。面談のあと、「(そのときSSへの入隊を希望していた) あのハイドリヒはたいした能力の持ち主だが、ひじょうに危険でもあるし、あの傾向を組織への奉仕に生かすべきだ」とヒトラーは言った。さらに「ああいう類の者に仕事をさせるときは、しっかりつなぎ止めておかなければならない。ハイドリヒに非アーリア系の血が混じっているならかえって都合がよい。彼はわれわれのもとにおいてもらったことを一生恩に着て盲目的に従うだろう」と述べた。その後、ヒトラーのこのコメントを披露したヒムラーは、「なるほど、そのとおりであった」とだけつけくわえた。

ところが、第三帝国に関連する多くの著作が今日も伝えているハイドリヒの血統にかんするこの噂は誤りだったのだ。フランス人歴史家のジョルジュ・パイヤールやクロード・ルジュリら[2]が家系を徹底的に調べた結果、ハイドリヒの直系の先祖にはユダヤ人が一人もいないことが判明した。あるテルアヴィヴの学生は、ベルリンで論文の口頭試問を受けた際、ハイドリヒにはユダヤ人の血は一滴も混じっていなかったと立証した。ライプツィヒに近いマイセンの墓地にあった墓石には、ハイドリヒにユダヤ系先祖がいたことがうかがえる証拠があったのだが、ナチの権威に泥をぬりかねない記録を消すためにSSの手で破壊されたと噂されている。だがそれはまちがいである。墓石は大昔の碑銘をふくめてぶじ残っており、ユダヤ系先祖がいたという証拠も見あたらない。ハイドリヒとユダヤ教のつながりは、母の弟がカトリックに改宗したハンガリー系ユダヤ人女性と結婚したことくらいである。この女性がハイドリヒの家系にくわわったことがあらぬ噂を広げたのかもしれない。さらに短絡的なことに、ラインハルトの鼻の形も誤解を生んだ。一九二四年四月一日からミュルヴィック海軍士官学校に在籍していた若きハイドリヒは、ユダヤ人の特徴と一般にいわれる長い鼻のせいで、「ユダヤ人は軍服を着ないほうがいい！」といった不快な言葉に耐えねばならなかった。

ユダヤ人の死刑執行人となったユダヤ人という皮肉な話はたいへん興味をそそるが、忘れることにしよう。

なぜなら、ハイドリヒは、最初は海軍将校の制服に身を包んだのだから。ところがある娘と関係をもち、彼の子を宿していることがわかったものの結婚を断わったことが不適切な行為と断じられ、一九三一年四月、ハイドリヒは軍法会議にかけられ、海軍から追放された。イエスの信徒を迫害していたパウロがダマスカスへ向かう途中でイエスの声を聞き、回心したように、ハイドリヒも国家社会主義に転向した。彼は除隊後まもなく国家社会主義ドイツ労働者党（ナチ党）に加入した。同年一二月に結婚したリナ・フォン・オステンは熱烈なナチ党員だった。ハイドリヒはヒトラーを知り、文字どおり身も心も彼に捧げた。ハイドリヒにとって、ヒトラー主義の勝利は彼自身の復讐《リベンジ》を意味するはずだった。ハイドリヒはそのためならなんでもする覚悟だった。ゆえに彼は出世街道をひた走りはじめた。SSにおいて、命令の執行をほぼ完璧にこなし、一歩一歩着実に昇級していった。ヒムラーの補佐になったハイドリヒは飛ぶ鳥を落とす勢いに思われた。ナチの幹部のあいだでは、ハイドリヒがいつかヒムラーをふり落とすだろうと思われていた。ハイドリヒがヒトラーの後継者となる可能性もなきにしもあらずではないか、と。ハイドリヒがひそかにその座を狙っている節もたしかにあった。

第三帝国が勢力を拡大するたび、裏にハイドリヒの策動が感じられた。突撃隊（SA）幹部らを粛清した「長いナイフの夜」はほとんど彼が仕組んだ事件だった。ソヴィエト元帥トゥハチェフスキーをはじめとするソヴィエト軍の幹部多数を死に追いやった挑発も彼が練った。ドイツ人将軍ブロンベルクとフリッチュの罷免にも関与した。オーストリアとチェコスロヴァキアの併合の準備を進めた。ポーランド軍人になりすましたドイツ人に（ドイツ・ポーランド国境に近い）グライヴィッツのラジオ局を襲撃させるという自作自演の作戦を立て、ドイツがポーランドに侵攻する口実を作った。英貨ポンドの偽造を後押しした。ヒトラーがユダヤ人問題の「最終的解決」をまかせたのもハイドリヒだった。ヨーロッパのユダヤ人を殲滅するため、ハイドリヒは効果絶大の行政機構を創設し、身の毛もよだつ殺戮手段を構想した。

こうした面とは裏腹に、人の命をないがしろにする血も涙もないこの男は、妻子への愛情にあふれたよき父親だった。室内楽を愛好しモーツァルトに通暁していた。四重奏のパートを受けもつこともよくあった。ヴァイオリンの名手だったとのちにヒムラーは認めている。とはいえ、六軒ほどの悪所に通い、泥酔して帰宅する癖は直らなかった。

朝帰りしたある日、ハイドリヒは大きな鏡に映った自分の姿を見た。銃を取り出すと、その像に向けて二度発砲した。自身の姿に。

†

チェコスロヴァキアはドイツに従属していたが、屈伏しなかった。一部の国民はドイツ政府や「保護領」総督府を支持しているかに見えたが、大多数は声には出さずとも反対していた。激しい反発を騒擾《そうじょう》や暴動で表明することはなかったが、静かでゆるぎない意志が透けて見えていた。国中に小さな抵抗運動グループが少数ながらひそんでおり、影響をおよぼしていた。一九四一年夏の終わりに、彼らは自分たちの影響力がどれほどのものか試してみた。保護領当局の出版物をボイコットするよう国民によびかけるビラを配ったところ、圧倒的多数がこの命令に従った。

一九四一年九月一七日、ゲシュタポ（国家秘密警察）およびSD（SS情報部）の幹部とSS部隊長は施策の手ぬかりに気づき、その実態をつかんだ。一刻も早く反抗的なチェコスロヴァキア人らを懲らしめねばならず、強制手段がなんとしても必要だった。この判断は暗にノイラート保護領総督の失脚を意味していた。一か月半前、ラインハルト・ハイドリヒは「独ソ戦争開始前後のドイツおよび占領地域における共産主義活動について」と題した報告をヒトラーに提出した。その結論の一つは、「占領国のうちでもっとも活発な共産主義運動はおそらくベーメン・メーレン地方のそれである」というものだった。こうした明快な物言いはヒトラーの意に沿うことを狙ったものだった。ヒトラーはラインハルト・ハイドリヒを選んだ。彼はプラハで「第二のアルバ公爵（プロテスタントを弾圧し恐怖政治を敷いたネーデルラント総督、フェルナンド・アルバレス・デ・トレド）」となる、とヒトラーは言った。

一九四一年九月二七日、ハイドリヒははじめて、かつてのボヘミア国王の居城であるフラドシン（プラハ城）――フラッチャヌイともよばれた――に足をふみいれた。その際の演出は、少し前にニュルンベルクのナチ党党大会で采配をふってアドルフ・ヒトラーの最高の栄誉を決定づけた彼にふさわしい華やかさだった。中央駅から城のそびえ立つ丘まで、ヘルメットをかぶり、銃を手にしたドイツ国防軍兵士とSSが二重の表敬の列をすきまなく作り、直立不動で迎えた。別の場所では、閲兵式の出で立ちのドイツとチェコの警官が全員、直立不動の姿勢をとっていた。数台の装甲車とオートバイの隊列に先導され、ハイドリヒがオープンカーに起立した姿で現われた。SS大将の立派な制服に身を包んだハイドリヒは腕を伸ばしてナチ式に敬礼した。たとえ民衆が敵意に満ちていようと、この登場が耳目を集めたことは明らかだった。ドイツ人とチェコ人の文民機関と軍部の幹部が、フラッチャヌイの迎賓の間で勢ぞろいしてハイドリヒを待っていた。ヨーロッパでもっとも広大な宮殿の一つであるフラッチャヌイには四四〇も部屋があった。ベーメン（ボヘミア）とメーレン（モラヴィア）の「保護された」共和国の名目上の大統領ハーハの前で、ハイドリヒは用意された豪華な貴賓席に座ろうとしなかった。オーストリアのマリア＝テレジア皇后も腰を下ろした椅子だったのに。ハイドリヒは話しはじめた。

「皆さん、帝国大臣ノイラート男爵はただ今病気療養中であり、全快されるまで暫定的に代理をつとめるよう総統からわたしにお話がありました。SS大将であり国家保安本部長官であるわたしラインハルト・ハイドリヒはここに総督代理となり、諸君への命令はすべてわたしから発出することになります。有効に協力してまいりましょう。ハイル・ヒトラー！」

ハイドリヒはハーハ大統領と保護領首相エリアーシ将軍を執務室によんだ。彼はハーハを無視してエリアーシに話しかけた。

「あなたが裏切り者であるというはっきりした証拠をわたしはにぎっています。何か月も前から、ロンドンの傀儡政権と連絡をとりあっていますね。偉大な第三帝国を裏切ったらただではすみませんよ。ゆえにあなたに対する処置はすべて準備が整いました。あなたは即刻裁判にかけられます」

その直後、エリアーシは逮捕され死刑を宣告された。

この節目となる到着から五日後、ハイドリヒはチェルニン宮殿に保護領の主要なナチ高官を集めた。彼が行なった演説は記録に残されている。それは意味深長な内容だった。「スラヴ人が一部居住している東側の領土は、いかなる温情も弱腰と解釈されることを心得るべき地域である。スラヴ人は対等に扱われようとは思っていないし、支配者が尊大にふるまうことにも慣れている……。この地域の住民はわれわれの下僕になるべきだ……。この地域はいつか決定的にドイツ領となるべきであり、チェコ人はここではなんの用もない……。この地域は第三帝国の心臓部だ。われわれはチェコの虫けらどもをゲルマン化するよう頑張ろう……」

この演説は、ハイドリヒが「仕事」を引き受けたと伝えるために一九四一年一〇月一一日付でベルリンに送った報告にそのままつながる。まさにそのとおりだった。プラハの壁は処刑を告げる貼り紙でおおわれた。ハイドリヒは強烈な一撃をただちにくわえようとした。

なんとも意表をつくのがハイドリヒ流で、この流血をともなう恐怖政治期間は長く続かなかった。ハイドリヒは一流の策略家だった。プラハで、彼はまずおどしをかけ、つぎに陰湿なしめつけをやわらげ、見かけは心やさしい調停者に豹変した。

ここ数か月間、チェコスロヴァキアではたびたびストライキが起きていた。政治的な意図をもつ場合もあったが、ほとんどは低賃金や厳しい労働条件への不満につき動かされたものだった。ハイドリヒはマキャベリにも比すべき狡知をもってチャンスをとらえることになる。保護領の労働者は今後、第三帝国で通用している余暇を享受できるという通知を出した。高級ホテルや湯治場はこのため接収され、農民や労働者も利用できることになった。労働者の代表はフラッチャヌイに諸手をあげて歓迎され、満面の笑みを浮かべたハイドリヒにもてなされた。

保護領総督ハイドリヒの策略は一目瞭然だった。農民と労働者を愛国的な知識人から引き離そうとしていた。ハイドリヒが「チェコの虫けらども」を内心どう思っていたかを知っていれば、目的を達するために彼ほどの高官がいかに偽善的な手段を用いたか、想像にかたくない。

客観的には、ハイドリヒがプラハに着任して数か月後、旧チェコスロヴァキアの国民は一種の「政治的無気力」におちいっていたといわざるをえない。ロンドンの亡命政府はすっかり遠くなった。レジスタンス運動グループは武器も手段も十分もたなかったし、国民は彼らが行動を起こすのを目にすることはまれだった。第三帝国軍があちこちで凱歌をあげている現実から目をそむけることはできなかった。

そこでハイドリヒは「懐柔」計画の新たな段階へ駒を進めた。ベーメン・メーレン地方の真の自主独立の回復をヒトラーに申し入れるつもりだ、すなわちチェコ人はふたたび自治を行なうことになる、とほのめかしたのである。まったく思いがけず驚くばかりのこうした言葉はチェコ人の中核的な階層の反響をよんだ。

もちろん、レジスタンス運動を支持していた人々はこれらの約束を歯牙にもかけなかった。その他の人々は、身がまえてはいたが心を動かされた。毅然とした英雄だらけの国などない。ハイドリヒが計画の真の動機をひた隠しにしていたので、なおさらだった。ヒトラーがベーメン・メーレンに見せかけの独立をとりもどさせるとしたら、それはただちにドイツ側で戦争することを新しい国家に要求するためだろうと思われた。ハイドリヒは二〇部隊を動員しソヴィエト戦線に送りこむつもりだった。

ベルリン宛ての報告書にハイドリヒはかならず、自分の主導でベーメン・メーレン地方にかくかくしかじかの新しい気運が生まれました、と書いた。民衆が反抗的だったのはもはや過去のことで、わたしは護衛をまったくつけずにプラハの町を移動しています、と。たしかにそのとおりだった――チェコスロヴァキアのレジスタンス運動家集団はそうした変化を肌で感じながらも苦々しく思っていた。皮肉なことにハイドリヒは、愛国者の処刑を命じていたときよりも、日和見主義に流れる国民を懐柔しようとしているいまのほうが危険であった。

懸念すべきこの新状況は、亡命中のチェコスロヴァキア政府に伝わることになる。一刻も早く手をうたねばならない。どんな手かが問題だが。

†

興味深いことに、ハイドリヒの施策への対応はすでにロンドンで決定されていた。プラハにハイドリヒが着任したと同時にはじまった弾圧的な恐怖政治がきわみに達していた一九四一年一〇月三日、ロンドンに亡命していたベネシュ大統領率いる政府は、「われわれはやられたらやり返すことを示すため」ハイドリヒ打倒を決定した。ロンドンの亡命政府は諸君を見守っていると、チェコのレジスタンス運動のメンバーに証明するという心理的な理由もあった。

ベネシュ以下閣僚は、もっとも重大な疑問を無視することができなかったのは確かだ。ハイドリヒを抹殺すれば、おそらく報復として厳しい弾圧が待っているのでは、という疑問である。同じチェコ人をあえて犠牲にすることが許されるものだろうか？　この問いに、チェコ政府がはっきりイエスと答えたことを史実は証明している。チェコのレジスタンス運動グループに亡命政府の意向が伝えられた。レジスタンス側の反応は亡命政府をたいへん驚かせるものだった。あからさまな反発こそ示さなかったが、じつに冷めた反応だったのだ。きわめて簡潔な、短絡的ともいえる一文がすべてを物語っている。以来、その「わりに合うのか？」なる台詞は、個人を狙ったテロが計画されるとき、いつまでもたびたび引用されることになる。

国内のレジスタンス運動がなにより必要としていたのは、援助だった。チェコのレジスタンス運動家たちは武器と送信機を要求していたが、はかばかしい返事はなかった。問題は距離だった。

イギリスからチェコスロヴァキアへ直《ちょく》で往復できる飛行機がほとんどなかった。ヨーロッパ中がドイツの天下となった以上、給油のための寄港地を探すことなどとうていむりだった。ロンドンの亡命政府はチェコスロヴァキアのレジスタンス運動が孤立していること——そして彼らの士気の低下が懸念されること——を痛感し、特別攻撃隊《コマンド》が設置されイギリスでの訓練がはじまった。訓練を受けた特別攻撃隊はパラシュートでチェコに着陸し、レジスタンス運動グループと接触し、喉から手が出るほど彼らがほしがっていたものを提供し、破壊活動や諜報活動にくわわることになった。

一九四一年四月三〇日から、ロンドンに移設されたチェコスロヴァキア国家防衛省の戦報は「士官四名、下士官五名をパラシュート訓練に派遣する旨、（イギリス）陸軍省の許可が下りた。訓練は本年五月四日に開始され、期間は三週間とする」と報じた。一九四一年五月一九日付の別の文書には、「首席情報顧問のモラヴェッツ司令部大佐は別のパラシュート兵候補の訓練について陸軍省と交渉した[3]」とある。チェコスロヴァキア防諜機関の長モラヴェッツ大佐がみずから介入したという事実は、すでにこれらパラシュート兵候補にいかなる任務が想定されていたかをあきらかに物語る。そのうえ、モラヴェッツ大佐はモラヴェクの要請にひたすら応じていた。モラヴェッツ（Moravec）と似た綴りの［ヴァーツラフ・］モラヴェク（Morávek）大尉は国内抵抗《レジスタンス》組織中央指導部《タンス》（ＵＶＯＤ）の指揮官の一人だった。

精鋭である空挺部隊ではあたりまえとされる厳しい訓練をスコットランドで受けていたパラ

シュート兵はどこから来ていたのだろうか。皮肉なことに、それについてはドイツの報告を読めばもっとも詳しく知ることができる。「国家警察に自首したパラシュート工作員および逮捕されたパラシュート工作員への尋問や、この間に死亡した一部の工作員の協力者の証言により、ほとんどのパラシュート工作員は保護領[4]成立の直後、ポーランドで不法にフランスの外人部隊に入隊したことが判明した。バルト海に面した町グディニャを経由して、彼らはフランスの港に到達した。あるいは［ドイツによる］ポーランド遠征が終わった後、バルカン半島、イスタンブール、カイロ、マルセイユを経由してフランスでチェコ軍に合流した。フランスが降伏した後は、イギリスの遠征軍の敗残兵とともにイギリスに移送された。これらの工作員の大部分は保護領の成立を受け容れがたく思い、武器を手にイギリスとフランスを支持し、ドイツの転落とチェコスロヴァキア共和国の復興のために力をつくす覚悟だった」

こうしてチェコスロヴァキア亡命政府はかなりの数の兵隊を動かすことができた。多くの作戦地域で、連合国の司令部は彼らの戦闘意欲に舌を巻いた。適切な教育を受けて祖国にパラシュート降下することになった者たちは、こうした予備軍のなかから指名された。

ベネシュ政府がハイドリヒ殺害の決定をくだした日、あとはおぞましい任務の遂行に適任と思われる者を、育成されたパラシュート兵のなかから選ぶだけだった。

モラヴェッツ大佐が部屋に入ると、二人の男は体をこわばらせ、気をつけの姿勢をとった。いずれも伍長のバッジを誇らしくつけていた。イギリス軍の軍服を着ていたが、かれらは祖国チェコスロヴァキアを離れたことを片時も忘れなかった。ヒトラーのドイツに祖国が隷従させられるのは見るに堪えなかった。いつか武器を手に祖国に帰り、解放された家族とわが家を――おお栄光の日よ――しかと目にするのだとひたすら心に誓いながら、彼らは出国したのだ。

「どっちがヨゼフ・ガプチクだ?」とモラヴェッツ大佐は聞いた。

背の高い方が一歩前に出た。黒い髪を後ろになでつけていた。この頃の彼を知っているある女性は、彼の真っ白な歯と日焼けした痩せた顔を覚えている。

「では君がスヴォボダか…」モラヴェッツ大佐がもう一人の男に言うと、今度はその男が一歩前に出た。

その前日、ロンドンに明日発って参謀会議に出席するのだ、と言われたとき、二人の青年は最初、からかわれているのだと思った。大勢のなかのたんなる一兵卒で得体のしれない自分たちが、参謀部のお偉方に交じってなにをしに行くというのだ?と言いたかった。

そしていま、二人は大佐と向きあい、じっと見つめられていた。二人は待った。そして大佐が口を開いた。二人は「特殊」と称する類の任務を遂行するために選ばれた、と言った。特殊、という響きに二人の伍長は嫌な予感がして耳をそばだてた。モラヴェッツ大佐はあきらかに、衝撃をあたえるのを避けようとしており、なんとかして――あまりうまくいかなかったが――ざっくばらんな調子で話しつづけようとしていた。「さて、ガプチク、それにスヴォボダ、君たちはチェコスロヴァキアにパラシュート降下してハイドリヒを殺すのだ」

二人の顔に狼狽の色がありありと浮かぶのを見て、モラヴェッツ大佐は憎むべき名前を連呼した。

「ハイドリヒだ。ラインハルト・ハイドリヒ！

そう、ハイドリヒを殺さねばならない。見せしめにするためだ。ナチの野郎どもに、――伍長ども、いいか！――わが国はおめおめと征服されたのではないことを確《しか》とわからせるためだ。

いいか？」

二人の伍長は、すべてをのみこんだ。とはいえ、寝耳に水だった。モラヴェッツ大佐は続けた。

「総督と称するやつを消すのがむりなら、かわりに部下のフランクを殺《や》るしかない。似たりよったりの悪党だ」

モラヴェッツ大佐の説明は淡々と続いた。

「二人そろってチェコに帰り、助けあうのだ。理由はおいおいわかってくるはずだが、国に残っているチェコ人たちの協力なしに任務を遂行しなければならないから、二人で力を合わせることが必要だ。チェコ人の協力なしに、ということは、課された仕事が終わるまでそうした援助は得られない、ということだ。終わったら、彼らから十分な支援が受けられるだろう。任務の遂行の仕方やそれに要する時間は自分たちで決めるように。着陸がもっとも安全に行なえる場所にパラシュート降下するのだ。われわれが可能なかぎり供給するものを身に着けていってくれ。チェコの状況は知ってのとおりだから、諸君は同胞に訴えかければ支援を受けられるだろう。しかし、君たちとしては慎重によく考えて行動しなければならない。君たちの使命は歴史的にたいへん重要であり、大きな危険をともなうことはくりかえしいうまでもない。事の成否は君たちがいかにうまく立ちまわって下準備をするかにかかっている。追加の訓練が予定されているから、そこから戻ったらそれについてまた話そう。さっき言ったように、真剣勝負の仕事だ。真摯な忠誠心をもって考えねばならない。以上でなにかわからないことがあれば言ってほしい……」[5]

二人の伍長は茫然としていた。断わるのは自由だ、とモラヴェッツ大佐は何度も言った。二人は深刻なおももちでたいへん冷静に、辞退などありえません、と一人ずつ答えた。拒否できるわけがなかった。喜んで職務を果たす所存です、と二人はきっぱり言った。

しばらくのちに、スヴォボダが訓練中に負傷し、代わりの者が指名され、即刻引き受けることになる。その男はクビシュといった。

ガプチクとクビシュ、この二人がチェコスロヴァキアに舞い降りることになった。

†

ヤン・クビシュにはハイドリヒを消したいというひじょうに個人的な理由があった。執念は身体にしみついていた。もっと正確には、ナチの手で七つのハーケンクロイツを焼き鏝《ごて》で刻印された尻に。

ヤンはメーレン地方南部にある寒村の貧農の息子だった。ヒトラーの軍がチェコスロヴァキアに侵入したときはチェコ軍にいた。まもなくチェコ軍は動員解除し、戦士たちは帰郷するよう命令がくだった。命令に従った者もいたが、その他の者は従うことをこばみ、レジスタンス運動のネットワークを作った。ヤン・クビシュはそのなかの一人だった。だがしょせん、負け戦だった。ヤンは捕まり、臀部《でんぶ》にハーケンクロイツを刻印されるという、最大の屈辱をみっちりあたえられたのがそのときだった。

レジスタンス運動家たちはヤンが閉じこめられた牢獄に乱入し、彼は解放され、ポーランドとの国境を越えて難民キャンプにたどり着いた。そこではフランスの外人部隊が徴兵局を開いていた。ヤンがヨゼフ・ガブチクに会ったのはそのときである。もともと錠前職人で、化学製品の工場で働いていたこともあったヨゼフはヤンと同様貧乏だった。彼らはすぐにかけがえのない友人同士になった。外人部隊への入隊を決めたとき、戦争が起きて「[チェコ軍が]フランスの領土で編成されるならば[6]」外人部隊のチェコ人兵士は自国軍に移される、と知って二人は喜びあった。

こうして長い冒険がはじまり、イギリスに二人がたどり着いたところで幕となった。特殊訓練校で、ヤンとヨゼフは彼らが今後歩む道においてもっとも重要な役割を果たすことになるチェコ人たちと出会った。「真面目で毅然とした」中尉のオパルカとペハル、「子どもっぽい顔の」二〇歳の上等兵ゲリク、いつも陽気な二七歳のヴァルチク、大男のミクス、「たくましく無口で信頼できる」三〇歳のカレル・チュルダである。

彼らが戦争ごっこを終えたとき――お遊びとはいえない訓練だったが――、ヨゼフとヤンはスコットランド高地を訪れたようである。ヤンが最初にイギリス人のエリソン一家と親しくなった。エリソン夫人はアイトフィールドのコテージでヤンをもてなしてくれた。翌週、ヤンはヨゼフをつれていった。二人の兵士は、子どもっぽさがようやく抜けたばかりの二人の魅力的な娘たちに惹かれながらも遠慮がちに――エリソン夫人が目を離さなかった――仲よくなった。エリソン夫人はのちに、戦時下にたまたまめぐりあった二人の友人たちについて、歴史家アラン・バージェスに縷々《るる》語ることになる。

ヤンは片言の英語しか話せなかったが、ヨゼフは堪能だった。ヤンは二七歳、身長一七五センチで肩幅が広く筋肉隆々、大きな手で力強い握手をする男だった。ヤンのブロンドの髪、いつもやや寂し気な灰色の瞳、やさしく包みこむようだが相手を正面から見すえる視線をエリソン夫人は覚えていた。にこやかにしているかと思うとよく豪快に笑いだしたヨゼフのことも忘れなかった。「ダンサーを思わせる」軽くしなやかな歩き方だったという人もいる。ヨゼフは遠慮会釈なく、ヤンが真面目すぎるとエリソン夫人に言っていた。モラヴィア（メーレン）生まれだからな、向こうの人間は陰気なんだ！、とヨゼフは同情をこめてつけくわえるのだった。ヨゼフはおちつきがないんだ、しゃべっているときにジェスチャーが多すぎる、スロヴァキア人だからな、とヤンも負けずに言い返した。そのたびにチェコ人とスロヴァキア人の長所と短所についての議論が延々と続くのだった。

ヤンとヨゼフは、一年以上ものあいだ、外出許可日や週末になるとエリソン夫人の赤レンガの広いコテージですごした。エリソン夫人も二人がますます気に入った。夫人の娘たちは、この素敵な軍人たちにこっそり秋波を送った。アイトフィールドの人々は、真面目すぎるヤンと、一つ所におちつけないヨゼフのことをいつまでも覚えていた。

ある日、二人は急にアイトフィールドにやってきて、エリソン夫人に「ヨーロッパのどこか」に向かう、と伝えた。どこなの？と聞かれても、答えることは許されなかった。その日二人は、チェコスロヴァキアを離れて以来集めてきたささやかな思い出の品をすべてこの善良な夫人に預け、戦争が終わったら、またとりに来ますと言い残した。チュッと音を立ててするキスを何度も受けた。エリソン夫人と娘たちの目にたまった涙とともに。

タングミア飛行場の闇は濃く、身を切るような寒さだった。一九四一年一二月二八日二二時、七人のチェコスロヴァキア人パラシュート部隊は待機していた。数時間後には祖国にパラシュート降下することを彼らは知っていた。

彼らは三つのグループに分かれており、いずれもほかのグループについては知らされていなかった。ヤン・クビシュとヨゼフ・ガプチクは二人で、「エンスラポイド（類人猿）作戦」グループを形成していた。「シルバーA」グループの三人は、バルトシュ中尉、ヴァルチク軍曹、ポトゥチェク通信士だった。三番目の「シルバーB」グループは、ゼメクとサシャの二人だった。七人の志願兵は、別々にパラシュート降下することを知らされたばかりだった。

一人の大尉が訓示をたれ、個人的な財産を軍に預け、遺言書を書くよう彼らに勧めた。志願兵たちはそれぞれ性格がよく表われた文面で、真摯な、あるいは――パラシュート兵サシャのように――軽い調子の遺書を残した。不安を鎮めるために、遺書作成はひじょうに有効であった。各自、ポケットナイフ一つ、二つの弾倉と一二の弾丸をつけたピストル一挺《いっちょう》、毒薬一アンプル、チョコレート一枚、固形の肉汁エキス、剃刀《かみそり》数枚、身分証を渡された。ウラジミル・サシャは歴史家ミロスラフ・イワノフに後年語ることになる。

「訓練センターでシュストル大尉から渡された身分証はまっさらでした。必要事項が記入され、われわれが署名し、写真が貼付されました。あとは押印するだけでしたが、シュストル大尉がもってきたスタンプは新品でインクがついていませんでした。どうすべきか迷ったすえ、シュストル大尉は自分のうっかりミスを補うべく、ふつうのインクをもってこさせてスタンプにぬりつけ、われわれの身分証に押印しました。それがとんでもなくひどいもので、ふつうの印影ではないことは一目で明らかでした」

チョコレートや剃刀《かみそり》など、供給されたものには商標がついていなかった。衣類は兵士たちが亡命政府の軍にくわわったときに没収してとっておいた平服だった。つまりそれらは――大事な点である――チェコスロヴァキア製だった。

サシャはかなり前から知っていたクビシュとガプチクのことをいつまでも覚えていた。二人とはかなり前から知りあいであり、寒さのなか作戦開始まで待機していたあいだ、いっしょにいた。

「二人とも素直な青年でした。それぞれ違っていましたが、規律を重んじ熱い心をもっているところは同じでした。クビシュは温厚で虫一つ殺せないような性格でした。ガプチクは反対に、熱血漢で激しいものの、思慮深い性格でした。二人はかけがえのない友人同士でした。危険な目にあったとき、あんな友だちが味方だったらどんなにいいことでしょう。兵士として、命令に異を唱えることはできないと二人は考えていました。同胞が拷問や暗殺の犠牲になっているというチェコからの情報に敏感に反応していました。クビシュとそのことについて話した記憶がありま す。クビシュはつらそうに首をふりながら『どうしてこんなことになるんだ？　どうしてこんなことに…？』とくりかえしていました」

「シルバーA」と「シルバーB」の者には、送受信機が託された。クビシュとガプチクの「エンスラポイド」チームにはなにも渡されなかった。二人に課せられた任務を果たすのにラジオは不要だった。

ふたたび大尉からの短い訓示があった。自分たちはボヘミア（ベーメン）に降下することを知った。教えられた住所のところへ行って国内のレジスタンス運動グループと接触しなければならなかった。「シルバーA」と「シルバーB」は、迎えてくれた運動家たちに持参した送信機を預け、彼らの命令に従う。グループの各自がほかのグループを助けることは想定されていなかった。

「われわれは仲間らしく背中をたたきながら目配せしあいました。ガプチクとクビシュは、ぎこちなく懸命に笑みを浮かべていました。われわれは飛行機に乗りこみ、ドアが閉まりました」とサシャは語った。

二二時、出発の合図があった。ハリファックス機は離陸した。二二時四九分、フランスの沿岸の上を飛んだ。零時四二分、ダルムシュタット上空でドイツの戦闘機に遭遇したが、イギリス人パイロットの巧みな操縦でかわすことができた。一時三二分にパイロイトに着いた。ハリファックス機は二度もドイツ軍の対空砲火を受けたが、被害はなかった。

飛行のあいだ、七人はだれひとり口をきかなかった。ハリファックス機は防音措置がされていなかった。皆、ゴム製帽子をかぶっていた。エンジンが全開のうなり音を立てた。サシャは「騒音と暑さと興奮につつまれていました」と述懐している。

二時二四分、最初にガプチクとクビシュが降下した。

「(残った) われわれが別れのあいさつの仕草をしたら、二人は手をふり、そして飛び降りました。それ以来二度と会うことはありませんでした」とサシャは語っている。

†

凍えるような夜の飛翔だった。雪のおかげで着陸の衝撃がやわらいだ。パラシュートをはずした。最初の一歩をふみだしたガプチクは叫び声をあげた。着陸のときに足首をねんざしていたのだ。しかたがない、痛みをこらえるしかない。自分がどんなところにいるのかは、おぼろげながらわかった。小さな墓地がすぐ近くにあった。ガプチクとクビシュは雪のなかにパラシュートを埋めた。小屋があったので中に入った。これ幸いとそこで腹を満たした後眠った。日が昇ったとき、二人は森の近くにいることに気づいた。運のよいことに採石場と洞穴があったので、そこで当面雨露をしのぐことにした。

翌日、さっそくある猟場管理人に見つかってしまった。二人はピストルの引き金に指をかけながら、管理人が近づいてくるのを見守った。撃つべきか？と思ったら善人で、助けたい一心で来たのだった。管理人は、二人が、想定しているのとはまったく違う場所にいるのだと教えてくれた。じつは予定よりはるかにプラハに近い地点に降りていたのだ。めざせプラハ！

ヨゼフ・ガプチクは痛い足をひきずりながらもくじけず歩いた。とにかく見知らぬ人々を信じるしかないのだ。裏切り者にあう危険はつねにあった。すなわち、いちかばちか、運を天にまかせるようなことが一日に何度も起こった。教えられた住所に訪ねていっても、住人は逮捕や収容所送りや銃殺の憂き目にあい、いないことも多かった。そうした場合、家は国家警察かゲシュタポに厳重に監視されていた。一時的な避難場所として指定されていた高等学校は閉鎖されていた。食料の配給券を受けとるには就労手帳を提示する必要があったが、二人はもっていなかった。とはいえ、道中で集落を通過するたび、ドイツのパトロール隊の目をくぐりぬけねばならなかった。とはいえ、男女をとわず多くの人が、命がけで二人の潜入者を受け入れ、食事を提供し、別のレジスタンス組織に引き継げるまで匿《かくま》った[7]。こうしてクビシュとガプチクはプラハに入った。一九四二年一月八日のことだった。

†

首都プラハで最初に接触したのは、ピスカチェクという立派な人物だった。ピスカチェクは友人の老医師のところへ二人をつれていった。医師は脱臼した足の手当をしただけでなく、二人に就労手帳をあたえたが、なんと就労不適格と記載されていた！　クビシュは十二指腸潰瘍、ガプチクは胆嚢炎に罹患していることになっていた。ふつうの職業活動は禁じるが、移動はできるというお墨つきであり、苦肉の策の病名だった[8]。

数日後、クビシュはパラシュート降下した地点に戻った。彼らが着地した証拠になるおそれのあるパラシュートや所持品を隠さねばならなかった。その後、クビシュは、支持者であるコドル家から自由に使っていいといわれていた郊外の小さな別荘で、ガプチクと合流した。

プラハの町のレジスタンス運動幹部はいまやロンドンの亡命政府が約束を守り、作戦が着々と進んでいることを知っていた。

「シルバーA」と「シルバーB」のパラシュート部隊もやはりチェコをさまよった。彼らもまた予定どおりの場所に降下しなかった。クビシュやガプチクと同様、見知らぬ人々に頼らねばならなかった。総体的にはすべてうまくいった。レジスタンス運動グループとは予定どおり接触できたし、送信機は起動した。

「シルバーA」のバルトシュ中尉はパルドゥビツェ（プラハの一〇四キロ東に位置する都市）におちつき、ポトゥチェク通信士は近隣の村のあちこちから情報を発信していた。国内抵抗組織《レジスタンス》の指揮官モラヴェク大尉が率いる「レオン」グループとはプラハで接触できた。「シルバーA」の三人目、ヴァルチク軍曹は、地元のゲシュタポのメンバーが通いつめるパルドゥビツェのレストランで給仕として働きはじめた。もちろん、ヴァルチクは耳を――いい耳だった――そばだて、貴重な情報を山ほど集めてバルトシュに伝えた。

少しずつ彼らのグループはふくれあがっていった。たえず新しい工作員が補充された。すなわちグループは上昇気運にのっていた。

†

クビシュとガブチクはいまやプラハのモラヴェッツ家に住んでいた。このモラヴェッツ家は同姓というだけで、首席情報顧問モラヴェッツ大佐とはまったく関係はなかった。チェコスロヴァキアでは、モラヴェッツという苗字はフランスのマルタンと同じくらい多いのだろうか？　このモラヴェッツ一家もまた善良な人々だった。主《あるじ》は元列車の車掌だった。無口な人で、人生における大事なつとめであるかのように口をつぐんでいた。マリエおばさんと皆からよばれていた妻は、夫の分までおしゃべりだった。どんなときも歩かず走り、せかせかと息せき切っていた。長男はある日イギリスに行ってしまった。両親は息子がイギリス空軍でパイロットをしていることしか知らなかった。その下が二一歳の青年アタで、レジスタンス運動が当初上げた成果に夢中だった。

ちょうど向かいに住んでいたのがハイスキー――「ハイスキーおじさん」とよばれていた――という名の教師で、ラディスラス・ヴァニェクという化学教師が指導する重要な秘密組織に属していた。

ヴァニェクは地下活動に入るために故郷と家族と友人を棄てた。ヴァニェクは運動組織の要員を、百年近い歴史があり世界的に有名な体操協会、ソコルからつのった。運動組織はソコルから幹部、規律、使命を受け継いだ。ヴァニェクは最初からインドラという偽名を名のったので、彼が率いる運動組織もまもなく同じ名前でよばれるようになった。インドラは国内レジスタンス中央委員会にくわわった。そこには、元士官、非合法的共産主義組織、ソコルなど、さまざまな傾向のグループが集まっていた。インドラはモラヴェク大尉と緊密に連携しながら仕事をし、友人になった。

インドラがヤン・クビシュとヨゼフ・ガプチクのプラハ到着について聞いたのは、ハイスキーおじさんからだった。インドラは、ロンドンの亡命政府がパラシュートで仲間を送りこむ約束をしたことを、モラヴェク大尉を通じて知っていた。しかし、そのパラシュート兵の二人はひょっとすると潜入スパイではないのか、という疑念が頭をもたげた。インドラは何ごともゆるがせにしない性格だった。彼はガプチクとクビシュをよんで時間をかけて尋問した。その結果、二人がイギリスから来たことは事実だと納得がいった。二人を受け入れ、あらゆる必要な援助をしてよいことになった。実際、その後インドラはヤンとヨゼフに支援をおしまなかった。

万全を期すため、クビシュとガプチクは、二週間のあいだヴォルフォヴァ夫人なる女性の家にいることになった。二人はモラヴェッツ家に何度も——クビシュはとくに——戻ってきた。クビシュにとっては、マリエおばさんの若い友人でたいへんな美人のアンナ・マリノヴァと知りあったのがその理由だった。クビシュは一目でアンナが気に入り、彼女もまんざらでもないと感じた。数日後、二人は互いに夢中だとまわりの人々は気がついた。

ガプチクは女の子とのことなど所詮浮ついた関係だと割りきり、軽く考えていた。そんな彼もついに宿の提供者たちの一人の娘、リボスラヴァ・ファフカに心を奪われた。二人の若者はいっぺんに、快楽と実益の関係《リエゾン》を両立させる連絡員《アジャン・ド・リエゾン》に変身した。

数日後、ハイスキーおじさんはクビシュとガプチクに、とあるカフェに行くよう勧め、住所を教えた。二人がおじさんの指示にしたがって行き、店に入ったとたん、男が立ち上がって迎えた。なんとヴァルチク軍曹だった！　二人があっけにとられ、ここでなにをしているのかとたずねると、ヴァルチクは事のしだいを話した。「パルドゥビツェで、ゲシュタポの行きつけのカフェの給仕をしていたんだが、正真正銘の非合法活動をしていることを彼らにかぎつけられてしまった。逮捕されそうになったが逃げおおせた。インドラがぼくを保護してくれて、クビシュとガプチクに接触させたほうがいいと考えたんだ。それでこうして会えたのさ」。クビシュとガプチクは、自分たちがプラハにいる理由を――絶対に秘密を守る約束で――ヴァルチクに話すべきだと思い、打ち明けた。ヴァルチクは仰天し、二人に、そのときになったら自分にかならず声をかけてくれ、と念押しした。ハイドリヒを殺《や》る日が来たら、自分も暗殺にくわわりたい！と言うのだった。

クビシュとガプチクを悩ませていたのは、ハイドリヒをいつ、どこで殺害するかという問題につきた。時と場所という二つの問題は分かちがたく結びついていることに二人はすぐに気づいたが、ハイスキーおじさんがじつにありがたい手を差し伸べてくれた。おじさんのおかげで二人は、フラッチャヌイ（プラハ城）に数知れずある家具の修繕を請け負っていたサファリクという家具職人と会った。ハイドリヒの住居にしょっちゅう出入りできる数少ないチェコスロヴァキア人の一人だった。クビシュとガプチクはハイドリヒについての多くの情報をサファリクから仕入れた。ハイドリヒは、プラハ郊外の庭園に囲まれた美しい城に妻子とともに住んでいるという。その城で襲撃しようとしてもむりだった。昼夜をとわず、敷地内は厳重に監視されていた。しかしハイドリヒは習慣に異様なこだわりがあり、毎日同じ時間に郊外の城を出て、同じルートでフラッチャヌイに着くのだった。

ガプチクとクビシュは、最初、フラッチャヌイにしのびこみ、迷路のように入り組んだ城の片すみに隠れ、チャンスをとらえてハイドリヒを打ち倒そうと考えたが、サファリクは言下に否定した。フラッチャヌイにはドイツ人があちこちひしめいているから、二人がハイドリヒの居場所までたどり着けたとしても、即座に攻撃されるだろうと言うのだった。

一九四二年三月末、ガプチクとクビシュは重要な鍵となりうる詳細な情報をいくつかつかんだ。ハイドリヒは九時きっかりに自宅の城を出発する。いつも同じ運転手で、大男のSS曹長クラインだった。日によっては、メルセデス――天気のいい日にはオープンカーにした――は、相応に武装したSSの乗った先導車と後続車をつけて走行した。ハイドリヒは護衛なしで移動する日もあった。たんなる強がり、あるいは挑発だったのか。ベーメン・メーレン保護領の治安は改善したとあらゆる報告書で自負していたように、安心しきっていたのだろうか。

この移動ルートのどこかでハイドリヒを襲うなど、とうていむりなもくろみと思われた。これについては、長いあいだ、クビシュやガプチクだけでなくインドラも同意見のままだった。その証拠に、ハイドリヒがベルリンに向かうときかならず乗る特別列車を襲撃する計画を相当な時間をかけて練っていた。実際に計画を始動し、田園地帯の真ん中の線路沿いの場所を下調べしたりもした。ハイドリヒのコンパートメントの窓を狙って銃撃するところまで想定した。しかし現実的ではなかった。列車の走行速度が高すぎて特定の車両の窓を狙うことなど不可能だった。

ゆえに列車襲撃計画は断念した。どうにもこうにもならず、結局クビシュとガプチクはふだんの通勤途中のハイドリヒを襲撃するしかないように思われた。

一九四二年三月二八日、そして四月二八日、そして四月三〇日、別のパラシュート兵たちがチェコスロヴァキアに降り立った。このときのコマンド隊はクビシュやガプチクたちと同様、想定した地点から大幅にずれた場所に降下させられた。着地したのは、ペチャル中尉、ミクス軍曹、そして二〇歳そこそこの青年ゲリクの三人だった。三人はすぐに憲兵に見つかり、身を隠さねばならなかった。彼らの前に、家々の扉は閉ざされていた。ペチャルはドイツの国境警備隊員二人を打ち負かし、追っ手からのがれるため森のなかに分け入り、いつまでも隠れていた。ミクスとゲリクはばらばらにプラハに着いた。ミクスはクビシュとガプチクに合流できたが、疲労困憊だった。ゲリクはどうなったのかが気がかりだった。

ゲリクの行方はすぐにわかった。プラハという大都市の孤独に打ちひしがれたゲリクはレジスタンス運動グループに接触することができず、よりどころも避難場所も見つからないことに絶望し、張りつめていた糸が切れた。ゲリクはみずから進んでチェコ警察の本部に出向き、チェコ亡命政府から派遣されたパラシュート兵であると自供し、その場でゲシュタポに引き渡され、長い時間をかけた巧妙な「尋問」を受けた。ゲリクは知っているかぎりのことをしゃべった。すべてのことを。コマンド隊は通信機を納屋に隠したままにしていた。ゲリクはドイツ人たちをその納屋まで案内した。集まってきた農民たちを前にゲリクは、自白を条件にドイツ人から約束された報酬の額を口にして威張った。居あわせた農民の一人はレジスタンス組織に事のしだいを警告し、そのままインドラにも伝わった。ゲリクはハイドリヒ暗殺計画のことはまったく知らないはずだが、彼になんの情報ももれていないとはいいきれなかった。クビシュとガプチクは悩んだすえ、ただちに行動を起こすべきだとの結論に達した。プラハに着いてから四か月もたっていた。ゆっくりしすぎた。

二人の前に思ってもみなかった障害が立ちはだかった。インドラが、どんな形であれハイドリヒ襲撃には個人的に反対だ、と言ったのである。

†

インドラが反対する理由はなんだったのか。数週間前から、ハイドリヒ襲撃の必要性についてレジスタンス評議会で話しあいがもたれた。もともと、ロンドンでくだされた決定へのためらいは――読者のご記憶にあるように――あった。レジスタンス運動が想定していたのはもっと別のことであり、その内容は明確にされていた。なんとしても手に入れたかった武器や通信機のかわりにレジスタンス組織に送られてきたのは、いくつかのグループに分かれた、役に立つかどうかいまだに不明のパラシュート兵だった。パラシュート兵らがレジスタンス組織に力を貸したのではなく、レジスタンス組織のほうがパラシュート兵に救いの手を差し伸べねばならなかった。

結局ロンドンの亡命政府の提案はことごとくテロ行為であり、それによってドイツの弾圧はいっそう激しくなり、諜報や破壊活動は長きにわたっていっさい不可能となることが予想された。評議会は「この件についてロンドンと話しあうべきである」と結んだ。

それまでは決行をさしひかえねばならなかった。インドラが襲撃への反対にまわったのはそうしたわけだった。オパルカ中尉とクバとチュルダの三人からなる、新しいパラシュート兵グループが来たばかりだった。プルゼニ周辺で、最新鋭の武器が製造されているシュコダ（チェコの自動車メーカー）工場の作業場の正確な位置を特定することが任務だった。インドラはクビシュとガプチクにこの仕事に協力するよう命じた。もともとの命令とは異なるこうした仕事に積極的にかかわるよういわれても、にわかには納得できなかった。クビシュとガプチクは、ハイドリヒを殺害するという明確な目的をもってプラハにいるのだ。プルゼニのコマンド隊の作戦とはなんの関係もない。細心の注意をはらって、ガプチクとクビシュにむだなリスクを負わせないことが肝心なはずだ。そしてもし二人が捕まったら？　そのときハイドリヒ襲撃の話はどうなるのか。

じつはインドラはよくよく承知のうえで、本来の目的からはずれた仕事を二人に命じたのである。二人をプラハから遠ざけることにより、時間を稼ぎ、ハイドリヒ暗殺の命令を取り消すようロンドンの亡命政府をなんとしても説き伏せねばならなかった。ベネシュ大統領率いる亡命政府に、閣僚らがかたくなに無視しようとしている問題のあらゆる側面を懇々と説くにはどうすればいいか、考えあぐねていた。同じテーブルについて、時間の制限なく、互いの論拠となっている事柄を自由に検討しなければならない。お粗末な送信機で二言三言、言葉をかわすだけでは、こみいった議論などとうてい無理だった。

ある案がレジスタンス評議会で浮上した。

「ロンドンの亡命政府はチェコスロヴァキアに人員を送りこんでいる。彼らに接触すべきだ」

彼らは「シルバーA」のリーダーであるバルトシュ中尉を探し出して連絡をとり、レジスタンスの集会に出席するよう依頼した。バルトシュはヴァルチク軍曹といっしょにやってきた。中尉と軍曹、この二人に、チェコスロヴァキアのレジスタンス組織の幹部は命運を託すしかなかったのだ。この物語でもっとも驚くべきなのは、彼らにそれ以外の手立てがなかったことである。チェコに送られたパラシュート兵のなかで、中尉のバルトシュがいちばん高い階級だったのだから！

いまに伝わる話によると、バルトシュは問題、いやレジスタンス側の懇請をきわめて真摯に受けとめた、と言うべきだ。賛成か反対か、じっくり検討したすえ、バルトシュはロンドンからの命令をご破算にすべきだと決断した。ロンドンのチェコスロヴァキア亡命政府の代表を自任するバルトシュはその責任を果たす覚悟だった。

レジスタンス評議会はようやく安堵した。あとはクビシュとガプチクに、命じられた仕事は無効となったと伝えるだけだった。二人の伍長はバルトシュ中尉の前に出て、作戦行動を放棄すべきであると告げられた。

クビシュとガプチクはバルトシュの言葉を注意深く聞いた。上官の話を聞くにふさわしい恭順な態度ですらあったかもしれない。これで一件落着となったかといえばとんでもなかった。二人は、われわれは命令を受けたのです、と穏やかに言い返した。われわれは兵士であり、取り消し命令には従う所存です。ただしロンドンからの命令であればの話です、と。

バルトシュ中尉はこのような反駁《はんばく》を受けるとは夢にも思わなかったらしい。かっとなったバルトシュは、兵士は前線の将校からの命令には従うべきである、と怒鳴った。ここは敵の陣地、すなわち前線である。前線の将校はわたしバルトシュだ。伍長はただひたすら従うべきであり、これにつきる！と。

返事のかわりに、クビシュとガプチクは部屋を出た。

†

さらに、新しく三人編成の二グループがパラシュートで投入された。最後に到着したシュヴァルツとクパルは命令をたずさえてきたが、その内容が明かされるや、チェコスロヴァキアのレジスタンス組織にさらなる緊張が走った。保護領のチェコ人幹部の一人である、エマヌエル・モラヴェッツ教育大臣を殺害すべきであるというのだ。また一人、モラヴェッツという名の人物が登場した！

インドラと仲間たちはこの新しい計画に即座に異を唱えた。ハイドリヒ暗殺計画に対してよりも、もっと強硬に反対したかもしれない。結局ロンドンのチェコスロヴァキア亡命政府はかかわりのない事柄にまで首をつっこんでいる、とまで口走った。

インドラはあくまで牽制するつもりで、プラハにいるさまざまなパラシュート兵たちに新しい使命をあたえ、プラハから遠い場所に隠された――二つの大きな鞄につめられている――機器を探しに行くように命じた。マリエおばさんの息子、若いアタ・モラヴェッツがかねてよりの念願で行動を起こしたくてたまらず、このコマンド隊にくわわった。すなわち、仲間のゲリクの裏切りに心を引き裂かれんばかりになったミクス、おちつきのないヴァルチク、若いアタ・モラヴェッツ、クバの四人が新しい任務をおびて出発したのである。機器の隠し場所を知っているのはクバだけだった。今回もやはり、作戦は不運にみまわれた。憲兵に出くわし、銃撃戦になった。憲兵一人が死に、もう一人が重傷を負い、ミクスが腹に銃弾を受けた。仲間の足手まといにならないよう、ミクスは自分の頭を撃った。

以来クバは、友の頭がくだけちった光景が寝ても覚めても目に浮かび、背筋の凍る思いをした。

†

インドラはもはや、意志堅固なクビシュとガプチクを説き伏せることは不可能だとわかった。そこでいちかばちかの勝負に出ることにした。五月四日、インドラはロンドンに電報を打ち、ハイドリヒ暗殺の命令を考えなおしてほしいと頼みこんだ。調整に長けたインドラは、かわりにエマヌエル・モラヴェッツ大臣殺害の案は受け入れる、クビシュとガプチクは引き受けるだろう、ヒトラーの腹心であるラインハルト・ハイドリヒのようなナチの大物を殺害すれば、占領軍ドイツの「協力者」一人の殺害どころではなく、甚大な影響をおよぼすことは明らかである、と電報で伝えた。続いて五月一一日付の電報は、国内抵抗組織《レジスタンス》中央指導部（ＵＶＯＤ）の署名があった。それは「もし国際政治の観点から行動が必要であれば、Ｅ・Ｍのような売国奴でも選ばれたし」と結んであった。そしてロンドンからの返事を待った。

それはいつまで待っても来なかった。

じつはチェコスロヴァキア亡命政府は二通とも受けとっていたが、彼らの見解はまったくゆるがなかった。ドイツの弾圧が容赦ないものであること、ラインハルトを殺害すれば数千人のチェコスロヴァキア人の命が奪われる結果になることなど、とうの昔にわかっていた。政府から見れば、いまだかつてない重要性をもつ賭けだった。ハイドリヒがささやく自治の魅力にチェコスロヴァキア人が屈するのを放置してはならない。自治を標榜する新たな国家がソ連と戦争状態に入るのをみすみす許してはならない。そんな事態になったら、ロンドンの亡命政府はいっさいの威信だけでなく、存在理由すら失ってしまう。ヒトラーの後継者のよび声高いハイドリヒの抹殺は高度に政治的な行為だった。それに対する弾圧の犠牲者——避けられないと予想される——の流す血は、チェコスロヴァキアの再統一に確実に貢献するだろう。

こうした会話がロンドンでもたれた会議でかわされた。一つ問題があった。もし国内抵抗組織《レジスタンス》委員会宛てにこのまま伝えたら、どんな受けとり方をされるか、わかったものではなかった。かなり逡巡《しゅんじゅん》したあげく、亡命政府閣僚たちは、こうした言葉はプラハ側の心証をいちじるしくそこねるおそれがあるという結論に達した。ロンドンの亡命政府がインドラの電報にも国内抵抗組織《レジスタンス》中央指導部（UVOD）の電報にも返事をしなかったのにはこうした理由があった。

そのかわりに、五月二〇日、あるメッセージがパルドゥビツェのグループ宛てにとどいた。クビシュとガプチクが受けとった。メッセージは暗号で書かれていた。二人だけにわかる暗号であり、二人への念押しだった。「できるだけ早くハイドリヒを殺害すべし」

今度ばかりはさすがのインドラもお手上げだった。

†

ガプチクとクビシュは一〇回、二〇回と、ラインハルト・ハイドリヒが毎朝通るルートを確認し、ホレショヴィツェを決行地点に選んだ。北から入る道はこの地点で鋭いカーブになっており、かなりスピードをゆるめないと通過できないはずだった。

賽《さい》は投げられた。五月二七日早朝、ガプチクとクビシュは、匿《かくま》ってくれた家族の家を出た。路面電車に乗ると、空いていた座席に腰かけた。一人はステン短機関銃一挺、もう一人は爆弾二個の入った鞄をそれぞれにぎりしめていた。走行距離は長く、市のほとんど端から端まで横切らねばならなかった。路面電車から降り、あるガレージで、かねてから準備してあった二台の自転車を引きとった。決行地点に向かう途中、自転車に乗った二人は、援助してくれた婦人に会い、わざわざ止まってあいさつした。そしてまた走り出した。この界隈はさんざん調べつくしていた。ヴァルチクが二人を待っていた。自分の役目は、ハイドリヒの乗ったメルセデスが近づいたら小さな鏡を使って合図することだとヴァルチクは心得ていた。仲間のオパルカ――三月二八日にパラシュート降下した一人である――が反対側で待ち伏せしていることを彼は確認した。まだ九時前だった。

気の遠くなるような待ち時間だった。カーブの坂の上で、一人の少女が車のなかで帽子を脱いでかたわらに置いた。少女はハイドリヒに気がついたら、すぐにパラシュート兵たちのほうへ向かうことになっていた。少女が帽子をかぶっていない場合は、ハイドリヒと運転手の二人しかメルセデスに乗っていないという印だった。彼女が帽子をかぶっていれば、ハイドリヒは護衛付きで来たということだ。この少女はレラ・ファフコヴァという名で、一六歳だった。その後家族全員とともに銃殺されることになる。

さらに待って一〇時になった。パラシュート兵らが詳細に調べたスケジュールからいけば、ハイドリヒはとっくに来ているはずだった。ハイドリヒはいつものルートを使わなくなったのだろうか？　なにもかも失敗に終わるのか？

一〇時二五分、突然、ガプチクとクビシュはヴァルチクの鏡が光るのを見た。レラの車が発進し、近づいてきた。彼女は帽子をかぶっていなかった。

予測どおり、ラインハルト・ハイドリヒのカーキ色のメルセデスが減速し、カーブに差しかかった。それまで隠れていたオパルカの出番だった。オパルカはメルセデスのすぐ前の道を走って横切り、スピードをさらに落とさせた。

運転していたクラインは、苛々《いらいら》し、ハイドリヒ様が急いでいるのがわからないのかといわんばかりに怒鳴った。屋敷を出てから、ハイドリヒはしきりに運転手を早く早くと急き立てていた。その日は飛行機に乗ることになっており、ヒトラーからすぐに顔を出すようにいわれていた。プラハには二度と戻らない可能性もあった。フランスで別の任務をおびるという話があったのである。パラシュート兵たちはそうとも知らず、ハイドリヒを殺害できる、まさに最後の日を選んだのだ！

ガプチクはステン短機関銃をしっかりとレインコートに隠しもっていた。車道に飛び出し、メルセデスの正面に立ったとき、ハイドリヒの冷たく光る目に見すえられたのを感じた。運転手のクラインはいきなり武器を向けられ、目をかっと見開いた。ガプチクは引き金を引いた。が、なにも起こらなかった。銃は故障していた！　ガプチクは必死で作動させようとしたが、どうにもならなかった。

クライン運転手は急ブレーキをかけて停まった。これが致命的なミスだった。顔面蒼白になったハイドリヒがピストルに手をかけた。クビシュが電光石火のごとく敏速に鞄を開けて爆弾を取り出して投げた。爆弾は宙を飛び、メルセデスにあたって右側後輪のそばで爆発し、車の側面に穴をあけた。

路面電車が来た。長い軋み音を立てて電車は止まった。窓ガラスが割れ、乗客から悲鳴が上がった。

あわてふためいたクライン運転手はドアを開けて車道に飛び出し、リヴォルヴァーを手にガプチクを追いかけた。ハイドリヒは自分のほうの大破したドア側に立ち、ピストルを引きぬいた。クライン対ガプチクのピストルの撃ちあいになった。親衛隊所属運転手クラインは腿を撃たれて倒れた。ガプチクは屋敷の庭伝いに逃げおおせた。

クビシュは自転車に飛びのり、力いっぱいこいで南のほうへ向かった。リベニ地区の広場に向かって下り、自転車から降りるとそばの道に入って姿をくらました。ノヴァクという家族がクビシュを受け入れ、服を着替えるのを手伝った。その家の一四歳の娘、インジシュカは自転車を引きとりに行き、隠した。インジシュカはその後家族全員とともに銃殺される。

ハイドリヒはピストルをむなしく手にもち、車の前にしばらく立っていた。乗客たちはおびえながら、ハイドリヒがよろけるのを見た。背中に血痕が広がり、重傷を負っているのがわかった。

ハイドリヒは病院に搬送され、手術を受けた。爆弾による身体の損傷は甚大で、肋骨は折れ、横隔膜は破裂し、脾臓に穴があいた。とくに爆発の際、おびただしい数の金属片や、車の座席や幌、衣服などのさまざまな繊維が体に入っていた。医師たちはもはや破傷風もしくは壊疽《えそ》、あるいは最悪の事態を危惧した。

ハイドリヒ襲撃の知らせを受けたヒトラーは怒りをぶちまけた。

「装甲していないオープンカーを乗りまわし、プラハの町をのんびり歩いて平気の平左で胸を張り、あげくに泥棒どころか暗殺をまねくなど、ばかばかしいにもほどがある。国にはなんの得もない！」

†

怒りの勢いのまま、ヒトラーはつけくわえた。

「ただちに厳罰をくわえねばならない」

勇み足のヒムラーは総督付次官兼保護領SS・警察高級指導者フランクに電報を打ち、暫定的にハイドリヒの代理をつとめるよう命じた。「知識階級がわれわれのおもな敵であるので、今夜にも一〇〇人程度銃殺するように」。さっそく実行された。

プラハラジオ放送は一〇分ごとに同じメッセージを流した。「一九四二年五月二七日水曜本日午前一〇時三〇分、ラインハルト・ハイドリヒ総督代理が何者かに襲撃された。犯人逮捕に協力した者には報奨金として一〇〇〇万コルナがあたえられる。犯人らを匿った、あるいは援助した者、犯人らの素性や身体的特徴を知りながら当局に情報提供しなかった者は、家族全員をふくめ銃殺する」。恐怖の拡大はまだ序の口だった。フランクは二一時から午前六時までの外出禁止を市民に命じた。宿屋、レストラン、映画館、劇場、娯楽場は閉鎖され、公共、民間をとわず交通機関は停止した。命令に従わない者は銃殺だった。

翌日、フランクはベルリンに向かい、ヒトラーに正式な報告をした。ヒトラーは、「ハイドリヒ襲撃の報復として一万人のチェコ人を逮捕し殺害すべきである」と明確な指示をあたえた。プラハに戻ったフランクは、ただちに命じられた仕事にとりかかった。逮捕の対象者の追跡がはじまった。ガプチクのレインコートと、襲撃犯の二人が現場に残した鞄二つが見つかった。片方の鞄にはベージュのベレー帽が入っていた。さらにガプチクの乗っていた自転車も押収した。こうした証拠物件は写真撮影ならびに録画され、後日映画館が営業を再開したとき、上映のあいまに公開された。

襲撃作戦に関与したパラシュート兵たちは潜伏していた。匿ってくれる人々に危険がおよぶことを思い、彼らはプラハの町を出ようとしたが、むりだった。だが奇跡的に隠れ場所が見つかった。聖キュリロス・聖メトディオス正教会の司祭たちが、クビシュ、ガプチク、ヴァルチクら初期のメンバーだけでなく、オパルカ中尉、ごく最近パラシュート降下してきたブブリク、フルビー、シュヴァルツまでをふくむ七人を匿うことを受け入れた。

日にちがすぎても犯人たちは逮捕にいたらなかった。フランクの怒りは頂点に達し、チェコ国民全体に恐怖が広がった。いたるところで大がかりな一斉検挙が行なわれ、男女をとわず殺害された。無辜《むこ》の民がすしづめになったトラックが処刑場へ向かっていった。

実行犯の一人はリディツェ村出身らしいという噂が伝わった。誤報だったが、フランクおよびその追従者には本当かどうかなど問題ではなかった。彼らはここぞとばかりにいっそう市民に恐怖をあたえた。この村を包囲するようSSに命令が出された。夜、村民は家から追い出され、男は全員殺害、女は逮捕された。子どもたちは人種検査を受け、金髪碧眼の数人はアーリア人種の可能性ありと認められ、ドイツ人家庭が預かって育てた。戦後になって、ほんとうの家族と再会できた子はこのうちほんのわずかである。アーリア人と認められなかったほかの子たちは「特別措置」にまわされた。すなわち死である。リディツェ村はなにもかもなくなった。とり壊された家々は焼かれ、すべて灰燼《かいじん》に帰した。

†

三月二八日にパラシュート降下した一人、カレル・チュルダはドイツ系であった母親の家に隠れていたが、この大殺戮をまのあたりにして苦しみ、責任を感じた。まだこれから何千人という人々が老若男女をとわず殺されるのかと思うとやりきれなかった。明日はわが身かとも思った。耐えられなくなったチュルダは匿名の手紙を憲兵隊本部に送った。「ハイドリヒ襲撃犯の捜索をやめてください。罪のない人々を殺すのはやめてください。犯人はガプチクとクビシュなのですから」。それだけでなく、チュルダはプラハのゲシュタポ本部に出頭した。彼は数日にわたってなにもかもしゃべり、パラシュート兵たちを手助けしたチェコ人レジスタンス運動家たちの住所を教えた。

ゲシュタポは願ってもない武器を手にした！　俄然捜査に熱が入り、告発された者の家に一斉に警察がのりこんだ。チュルダはみずからドイツ人警官に随行した。ガプチクとクビシュを匿ったモラヴェッツ家に彼らが入ったとき、マリエおばさんは、連行される前にちょっとトイレに行かせてほしいと頼んだ。一人になったすきにマリエおばさんは青酸カリのカプセルを飲んだ。マリエおばさんはこうして死んだ。

ハイスキーおじさんもゲシュタポにふみこまれたとき、マリエおばさんと同じように毒を一服飲んで虐殺者たちの手にかけられるのを防いだ。怒り猛った警官の前でおじさんは倒れて死んだ。ほかの者たちは全員連行され、凄惨な拷問を受けた。あとゲシュタポが欲しいのは、襲撃犯の隠れ場所の正確な情報だったが、チュルダは知らなかった。モラヴェッツ家の次男アタが秘密をにぎっているのではないかとゲシュタポはふみ、あの手この手で知恵をしぼって働きかけた。

マリエおばさんの息子アタはぎりぎりまで抵抗した。人は苦痛のきわみにいつまで耐えられるものだろうか。若いアタはもろく傷つきやすかった。もはや限界だった。すすり泣きながら、アタは隠れ家の場所を教えた。

†

最後の日は六月一八日午前二時にはじまった。生暖かい夜、ゲシュタポは教会だけでなく周囲の区画全体を包囲した。四時、ＳＳ隊員とゲシュタポ警官の少人数グループが教会に潜入した。

ドイツ側は把握していなかったことだが、追われていたパラシュート兵たちは、身廊上方のギャラリーで、三人ずつ交替で見張りをしていた。その夜はオパルカが、クビシュともう一人とともに警戒にあたっていた。ドイツ人たちは一斉射撃にみまわれ、急遽しりぞいた。

最後の戦いがはじまった。面目を賭けた戦いだった。一晩中対決は続いた。クビシュら三人に攻撃をくわえるため、ナチはまず機関銃を、そしてついには大砲を使わねばならなかった。午前七時頃、沈黙が訪れた。SS隊員が死者一人と瀕死の二人を教会から運び出した。死んだのはオパルカで、青酸カリのカプセルを飲み、頭を撃っていた。瀕死の二人のうち一人はまさしくクビシュだった。クビシュも服毒自殺をはかった。クビシュともう一人の仲間は意識を回復することなく病院で息を引きとった。

遺体は教会の前に戻され、歩道に横たえられた。何人かの野次馬が駆けつけて茫然としているところへ、裏切り者チュルダが仲間を確認するために現われた。つぎにフランクが登場し、まだ生きているほかの犯人らを捕まえるよう命じた。地下聖堂に四人残っていたのである。スピーカーで投降をよびかけ、戦争捕虜と同等に扱うとした。四人からはなんの反応もなかった。地下聖堂への入口は一つしかなく、また狭かった。覚悟を決めたSS隊員たちが侵入しようとしたが、一斉射撃にあい、数人が死亡あるいは負傷したので断念せざるをえなかった。だれの発案か、消防士が動員された。消防車が教会の前に停まるや、地下聖堂に注水するよう命令が出された。何度も注水が試みられ、SS隊員が再度の攻撃を仕かけたが、そのたびに撃退された。ついに太いホースを好位置につけることができ、水が勢いよく流れこんだ。地下聖堂に少しずつ水が溜まっていった。正午頃、発砲が四発あった後、沈黙が訪れた。しばらくして、SS隊員は思いきって地下に降りてみた。みずからとどめの一撃をくわえ、水中に横たわった四人の遺体が見つかった。ヨゼフ・ガプチクの遺体もあった。

七人は一〇時間にわたって軍に抵抗したのだった。

†

「シルバーA」のバルトシュ中尉とポトゥチェク通信士も仲間と同じ運命をたどる。バルトシュは自殺し、ポトゥチェクは撃ち殺された。ポトゥチェクが匿われていたレジャーキ村は破壊され、住民は子どもや老人をふくめて全員銃殺された。聖キュリロス・聖メトディオス正教会の司祭たちも処刑された。

ヒトラーは「何千人と殺す」と言った。命令は実行された。

ハイドリヒは敗血症で死んだ。目的は達せられたわけだ。しかし、正しかったのはだれなのか？　暗殺に反対した国内レジスタンス運動家たちなのか？　あるいは暗殺を命じた在英チェコスロヴァキア亡命政府なのか？

〈原注〉

1 Joachim C. Fest : *Les Maîtres du IIIe Reich*（第三帝国の指導者たち）、一九六五年。

2 Georges Paillard et Claude Rougerie : *Reinhard Heydrich* (1973).

3 Miroslav Ivanov : *L'Attentat contre Heydrich*（ハイドリヒ襲撃）, (1972)から引用。

4 一九三九年三月、ヒトラーのドイツ軍がこの地域を占領し、プラハに成立したベーメン・メーレン保護領のことである。

5 一九四一年一〇月三日の会議の議事録。

6 Alan Burgess : *Sept hommes à l'aube*, traduit de l'anglais par Marie Tadié (1962). アラン・バージェス『暁の七人――ハイドリッヒの暗殺』、伊藤哲訳、早川書房、一九七六年。

7 Roger Gheysens : « L'attentat contre Heydrich »（「ハイドリヒ襲撃」）Historia 247号所収、一九六七年六月。

8 François Broche : *Heydrich* (1978).

10 ベン＝グリオン（一八八六―一九七三）
イスラエルの誕生

一人の男がテルアヴィヴの市内を駆けぬけた。額が汗にぬれている。陽に焼けて赤くなった頭頂部のまわりで、細く長い白髪が風になびいている。一九四八年五月一四日のこの日、時刻はまもなく午後四時になろうとしていた。美術館へと急ぐ、小柄だが背筋を伸ばしたこの男の名は、ダヴィド・ベン＝グリオン。数週間前から、パレスチナのユダヤ人を代表して、まだ存在もしていない国家の臨時会議の議長をつとめていた。

オリエントではどんなニュースもまたたくまに知れわたる。入口の階段の前に来ると、警備のために派遣されている士官学校の生徒たちが敬礼の姿勢をとった。彼らの白いベルトが日の光にきらめく。ダヴィド・ベン＝グリオンは足を止めることなく階段を駆けのぼった。美術館の展示室に入ると、そこには二〇〇人の名士、ジャーナリスト、カメラマンがすでに集まっていた。あふれかえった人々はみな汗だくでひしめきあっている。演壇にはすでに一三人衆とよばれる一団が陣どっている。そこに足りないのはただ一人。それがこの男だった。

その日のことはすべてあまりに急な決定だったため、職員は壁に展示された絵画をはずす時間がなかった。職員の不手際はむしろ好都合となった。なぜなら、展示されていたのはミンコフスキの「ユダヤ人大虐殺（ポグロム）」、マルク・シャガールの「十戒の石板を手にするユダヤ人」、そしてヒルシュベルクの「国外追放」だったからだ。室内の温度が上がり、耐えがたい暑さだ。一三人衆の頭上には、二枚のイスラエル国旗のあいだに、ひげを生やした男の肖像画がかかり、国旗の白と青とのコントラストで存在感を放っていた。このひげ面の男がテオドール・ヘルツルだと知らぬ者などいようはずはない。バルコニー席にはテルアヴィヴ交響楽団の団員たちがひしめきあっていた。

この瞬間を、ユダヤ人は二〇〇〇年のあいだ待ちのぞんできたのだ。まもなく祖国イスラエルがよみがえろうとしている。臨時政府で主任秘書官をつとめたゼエヴ・シャレフは次のように回想している。「われわれは夢のなかにいるようだった。喜びとおそれが混じりあい、現在と過去がないまぜになって、幻想と現実をわかつことができなかった。なぜなら、救世主《メシア》が来られ、他国の支配下におかれた隷属の歴史を終わりにしてくださったからだ[1]」

ベン＝グリオンは、彼自身の言葉によると「大きな喜びに心が躍り、胸が高鳴って」起立した。

すると、そこに集まった人々がいっせいに国歌ハティクヴァを歌い出した。事前に知らされていなかったオーケストラは、伴奏というより歌のあとを追いかける格好になった。

歌が終わり、訪れた沈黙。そこへ、ベン＝グリオンの重々しく、感動にふるえる声が響いた。

「イスラエルの地はユダヤの民の誕生の地である。この地で、その精神的、宗教的、そして民族的特性が形成された。この地で、独立を勝ちとり、民族としてはもちろん世界的に見ても重要である文明を創造した。この地で、聖書を書き、それを世界に贈った。聖地を追われ、離散した先のあらゆる国々にあっても、ユダヤ人はこの地に忠誠をつくすことをやめず、この地に戻ることをたえず祈り、自分たちの自由な国をそこに再建することを願いつづけてきたのだ」

それは無骨な言葉で語られた、千年におよぶユダヤ人の出現の物語だった。この物語は、西暦七〇年九月七日、ローマ帝国皇帝ウェスパシアヌスの息子ティトゥス――そのかたわらには、ユダヤの王族の出でありながら彼と恋仲になった女性、ベレニケがいた――によって、エルサレムが陥落した日にはじまった。神殿は焼け落ちた。攻囲がはじまってから五〇万人のユダヤ人が襲撃、火災、あるいは飢餓によって命を落とした。ユダヤ人は激しく抵抗したが、ティトゥスが命じた虐殺をまぬがれた者は一人もいなかった。ユダヤ人歴史家のフラウィウス・ヨセフスによれば、九万七〇〇〇の同朋が奴隷にされたという。比類なき都市はただの焦土と化した。

ユダヤ人の最後の反乱は一三〇年、ハドリアヌス帝の統治下で起きた。その反乱は新たな虐殺をまねいただけに終わった。エルサレムはアエリア・カピトリナ［ローマ様式に再建された都市の新名称」となり、ユダヤ人は立ち入ることを禁じられた。

ユダヤ人は都市を失った。神殿も失った。世界じゅうに離散した。どこに行っても故郷だと感じられる場所はなかった。あらゆるところで大きな勢力となっていたキリスト教は、ユダヤ人のことをイエスを十字架にかけた者たちの共犯者とみなしていたのだ。キリストの墓をとりもどそうと隠者ピエールにつきしたがった十字軍の参加者たちは、途中ドイツなど各地で出会ったユダヤ人を虐殺した。腕を磨く手だての一つというわけだった。スペインでは、のちにナチ・ドイツが登場するまでそれほどの暴虐を目にすることはなかったほど、カトリック両王の統治下でのユダヤ人迫害は激しかった。ユダヤ人は狩り出され、追いまわされ、財産を強奪され、住んでいた土地を追われ、聖地を奪われた悲運をあらためて嘆いた。その彼らに祭司《ラビ》たちは、いつか救世主《メシア》が現われ、イスラエルによびもどしてくださる日が来るだろう、と言いつづけた。この確信のおかげで人々のすべての苦しみは慰められた。「来年はエルサレムに！」この言葉は何世代にもわたってくりかえされてきた。

そう願う人々のなかに、この望郷の悲願を実現させたいと考える男がいた。彼は、パレスチナの地に祖国イスラエルを再建することにだれよりも尽力した。それがダヴィド・ベン゠グリオンだ。一九四八年五月一四日のこの日、彼はイスラエルの再生を宣言しながら、四二年間にわたる戦いの勝利をほかならぬ自身の声でたたえるという、稀有の幸せをかみしめていた。

†

この男を理解するために、そして、この〈武装した予言者《プロフェット》〉――マイケル・バー＝ゾウハーの言葉である――の行動と人となりにせまるためには、ベン＝グリオンが生まれたのは一八八六年一〇月一六日のポーランドだったことを知っておかなければならない。ポーランドは当時ロシア帝国領だった。悲しいことに当時のロシアはある特権をほしいままにしていた。つまり、帝政ロシアはユダヤ人の大虐殺（ポグロム）がどこよりもまかりとおる土地だったのだ。一八八一年三月一三日にアレクサンドル二世が冬宮殿の前で暗殺され、その暗殺者のなかにユダヤ人の女がいたことがわかると、エリザベトグラード［現在はウクライナのキーロボグラード］では人々の怒りが爆発した。民衆が「ユダヤ人どもを打ち殺せ！」と叫びながらユダヤ人地区におしよせた。それはまる一昼夜続き、さらに明くる日も続いた。歩兵大隊が秩序回復のために緊急派遣されたが、やや遅きに失した。シナゴーグの扉は破られた。律法の書の巻物はふみつけられた。家々は焼かれ、女や子どもたちは恐怖で泣き叫んだ。老若男女の別なく、地下室の奥底に隠れることがかなわなかったユダヤ人はすべて虐殺された。外交関係の機関紙だったサンクトペテルブルク報は、虐殺を糊塗するため、殺人は「きわめてまれなこと」だったと報じるほかなかった。

エリザベトグラードのポグロムのニュースは、翌日には早くも、ワルシャワから六〇キロ離れた小さな町プウォンスクにもとどいた。夜になるとユダヤ人は家に鍵をかけて閉じこもった。しかし、よそに比べるとこの町はまだ危険が少ないほうだった。なぜなら、プウォンスクに住む七八〇〇人の住民のうちの四五〇〇人がユダヤ人だったからだ。またその大半が商人か職人だった。裁判官のヴィクトル・グリュンもまるで「報じられた伝染病の流行がいつ発生するのか知りたくてうずうずしている医者[2]」のようなようすで、ほかの人々と同様に、不安のなかで夜が明けるのを待っていた。裕福な商人の息子として生まれたヴィクトル・グリュンは、聖書の五つの章を読み終えてからでないと眠りにつかない、敬虔な人物だった。背が高く細身で洗練された男で、口ひげと短いあごひげを生やしていた。この町のユダヤ人ではじめてのことだが、正統ユダヤ人の伝統的な服装も、カフタンも、つばの広い帽子もけっして身につけようとしなかった。好んだのはフロックコート、それに固い襟、糊のきいたベスト、それに蝶ネクタイだった。[3]

プウォンスクではだれひとりとしてエリザベトグラードのポグロムを忘れはしなかった。そのほかのポグロムのことも。パレスチナへの帰還を奨励するシオン［エルサレムの雅名。シオニズムの語源となる］の愛の運動（ヒバット・ツィオン運動）が、モシェー・ライプ・リリエンブルムによってはじめられると、ヴィクトル・グリュンはこの運動に熱狂的に賛同した。運動の支持者たちが彼の家に集まった。それから二年がたち、妻のシャインダルが四人目の息子を産む。それがダヴィドだ。のちのベン＝グリオンがこのきわめて独特な環境で育ったことは重要である。彼はのちに、「わたしは四歳でシオニストになった」とシモン・ペレスに語っている。[4]

ダヴィドは病弱で、同年代のほかの子どもに比べて背が低かった。友だちはほとんどいなかったし、遊ぶのも好きではなかった。父はダヴィドの頭が平均より大きいことに驚いたものだ。褐色の髪で小柄な母、シャインダルは病気がちだった。生まれた一一人の子どものうち、六人が幼くして亡くなった。彼女はお気に入りの二人の息子のことをよく自慢げに話していた。「アブラハムはこの町のユダヤ人でいちばんえらい学者になるでしょう。でもわたしのかわいいダヴィドは、世界中が偉大な人物だと認めるようになるにちがいないわ！」

後年、イスラエルの議会であるクネセトの演壇で、ベン＝グリオンは次のように明かしている。「母はわたしが一〇歳のときに亡くなりましたが、いまもまだ生きているように思えるのです。母は純粋さ、愛情、人間の気高さ、献身といったものを体現したような人でした」

その母は一一番目の子どものお産で亡くなった。ダヴィドにとってこれはたいへんな悲しみとなった。現代の精神分析医がよぶところの心理的外傷《トラウマ》を負ったのはまちがいない。彼は母親が死んだことを認めようとはしなかった。「毎夜母の夢を見た」とのちに書いている。「夢のなかで母に話しかけたり、『前みたいに家で母さんを見かけないのはなぜ？』とたずねたりした。悲しみが消えるまでには何年もかかった」。母を失ってから、ダヴィドにとってヴィクトルは父であると同時に母のかわりにもなった。そして父親と強いきずなで結ばれた子どもになった。「父から受け継いだのは、イスラエルの民やイスラエルの大地への愛、（…）そしてヘブライ語だ」。ヴィクトルは幼少のころからヘブライ語を学んでいた。この言語を読み書きし、愛していた。このころから毎日、父親は子どもを膝にのせては、千年の歴史をもつこの言語の単語や一節を少しずつ教えるようになった。

ダヴィドは五歳でユダヤ教神学校に入学を許可された。七歳でヘブライ語文法と聖書を学んだ。すでになみはずれた読解力がそなわっており、その後も生涯を通じて読書は大きな楽しみとなった。三冊の本が自身の少年時代を明るく照らしてくれた、と彼はのちに語っている。その一冊はアブラハム・マプーの『シオンの愛』で、これは「聖書のページに命を吹きこみ」、そして「イスラエルの地を求める燃えるような思い」をはぐくんだ。次に『アンクル・トムの小屋』、これは奴隷であること、服従させること、隷属のおそろしさを教えてくれた。そしてもう一冊は、トルストイの『復活』だった。

当時、家でも、父の友人たちの集まりでも、学校でも、議論はもっぱらユダヤ人国家の建設の可能性についてだった。どこでもよいわけではない、パレスチナでなければならないのだ。なぜならイスラエルの地があったのは、ほかならぬその土地だったからだ。

ロシア、ポーランド、そしてルーマニアにおけるポグロムは当然の結果をもたらした。つまり、パレスチナをめざす最初のアリーヤー［ユダヤ人によるイスラエルの地への移民、ヘブライ語で上昇の意］をひき起こしたのだ。一八八二年、若い先駆者たちがイスラエルの地への到達を前に声明を出した。彼らの望んでいたものとはなんだったのか？　それはパレスチナの地に郷土をつくることだった。

パレスチナではユダヤ人の農業入植地が少しずつ増えていた。プウォンスクでもどれほどその話でもちきりだったことか！　だが、これらの入植地ではあらゆるものが不足していることも耳に入ってきた。入植地は立ちゆかなくなり、消滅してしまうのだろうか？　一方で、パリから入植地へ定期的に送金している匿名の篤志家がいることも話題になっていた。ただ、それがエドモン・ド・ロチルド男爵であることはだれも知らなかった。男爵のおかげで、一八六六年から一八九六年までのあいだにパレスチナには一七の農業入植地が建設された。そのなかの一つがミクヴェ・イスラエルの農業学校だ。

そしてついにプウォンスクに、ちまたの話題がドレフュス事件一色になる日がやってきた。

†

一八九五年一月の凍てつくような朝、パリの士官学校の中庭でのことだった。そこには四〇〇〇人の武装した兵士が整列していた。大尉が一人、兵士たちの前に気をつけの姿勢で立っていたが、体じゅうから血の気が失せたのではないかと思われるほど顔色が悪かった。これから降格されようとしているこの士官の名は、アルフレド・ドレフュス。准尉が近寄り、静かにゆっくりと大尉の階級章と記章と袖章をはずしていく。有罪とされた大尉が「無実だ！　わたしは無実だ！」とつぶやくのを、耳にしたものはいなかった。

報道関係者はみなそこに集まっていた。鉄柵の外側には群衆がつめかけていた。黒く長いひげになかば顔をおおわれた背の高いハンガリー人記者が、つぶやきを耳にしたのか、はっとした。

だが、ちょうどそのときアルフレド・ドレフュスの刀が折られ、群衆のどなり声がわきおこった。聞こえてきたのは「ドレフュスをやっつけろ！」ではなく、「ユダヤ人をやっつけろ！」という怒号だった。

ハンガリー人記者は耳を疑った。彼の名はテオドール・ヘルツル、ウィーンの新聞ノイエ・フライエ・プレッセ紙のフランス特派員だった。ユダヤ人である彼は、反ユダヤ主義が東ヨーロッパだけのものではないことを知り、愕然とした。のちにこう書いている。「そのとき以来、『ユダヤ人をやっつけろ』は鬨《とき》の声となった。いったいどこの話か？　フランスだ。共和制の、現代の、文明の発達したフランスで、人権宣言から一〇〇年たった現在の話だ」「進歩主義で、高度に文明化した国でもこのようなことが起こるなら、ほかの国々はいったいどうなってしまうのだろうか？」

わずか二か月のうちにヘルツルは、その後の思想の基盤となる著作を執筆した。『ユダヤ人国家』である。後年次のように述べている。「あのときほど高揚した気持ちで書いたことはなかった。ハイネは、ある種の詩を書くとき頭の上でワシが羽ばたくかすかな音が聞こえる、という。わたしもこの本を書いていたとき、かすかな音が聞こえるような気がしたものだ…」

驚くべきことに、イスラエルの新しい予言者《プロフェット》は宗教人ではなく世俗の記者で、またウィーンで上演された一〇の喜劇を書いた作家でもあった。士官学校の中庭で受けたあの衝撃が、彼を新しい人間に変えたのだ。

彼がいだいた構想とはどのようなものだったのか？　本人がすばらしく明快にその概要を述べている。「パレスチナはいつもわれわれの心のなかにある歴史的な祖国である。ユダヤ人にとってはこの土地の名前だけでも、きわめて悲痛なスローガンとなるだろう。もしスルタン陛下がパレスチナをくださるなら、トルコ［オスマン帝国。パレスチナはこのころ、オスマン帝国の支配下にあった］の財政問題を完全に解決してご覧に入れよう。ヨーロッパにとってこのユダヤ人国家は、アジアの脅威から欧州を守る城塞の一部となり、また未開の地域に目を光らせる文明国の歩哨ともなろう。欧州全体がこの国家の存在を保障し、この国家はその欧州と確固たる関係を保ちつつ、中立国でありつづけるだろう」「この国家は聖地を守る番人となり、そのつとめを果たすことを国の存在をかけて保証する。この聖地の番人という役割は、一八〇〇年にわたる過酷な苦悩の年月をへたいま、ユダヤ人問題解決の偉大な象徴となるだろう」

「ヘルツルは夢想家だったわけではない」と、彼の思想に詳しいダヴィド・ベン＝グリオンは書いている。『ユダヤ人国家』の著者ヘルツルは、一八九七年八月には早くもバーゼルで第一回シオニスト会議を開催した。それはヨーロッパ全土から二〇〇人の代表者を集めておこなわれた。三日におよぶ討議のすえ、次のように簡潔にまとめた綱領が採択された。「シオニズムは、ユダヤ人のために国際法で保障された安息の場所をパレスチナに創設することを目的とする」

一九〇一年にダヴィド・グリュンの父親が「シオンの労働者たち」を意味する組織、ポアレイ・ツィオンに加入したとき、息子のダヴィドがその指導者となる日がくるなど予想できただろうか?

一九〇三年にキシニョフ（モルドヴァの首都）で発生した新たなポグロムは、人々にそれまで経験したことのない恐怖をあたえた。死者は四五名、重傷者は八六名、軽傷者は五〇〇名にのぼった。トルストイが抗議したが、ロシア政府が〈黒百人組〉とよばれる自警団――じつはまぎれもなく反ユダヤ主義の特別攻撃隊――を組織するのを阻止できなかった。ダヴィド・グリュンはあまりの無念さに拳をにぎりしめた。一七歳になり、身長はたいして伸びなかったが体は丈夫になっていた。長時間歩くことも泳ぐこともできた。しかも弁が立った。ラビの指導を受け、弁証法の学校に通い、すでに多くを学んでいた。同級生はこぞってそのぬきんでた記憶力をたたえた。聖書の一ページの朗読を聞けば、一言一句まちがえずに暗唱することができたと、姉妹であるジポラはのちに語っている。

キシニョフのポグロムによって、東ヨーロッパ全土のユダヤ人のあいだに大きな移民の流れが起こっていた。資金が少ない人々はフランス、イギリス、オランダをめざした。一方、富裕層に人気の移住先はアメリカだった。

だがダヴィド・ベン＝グリオンの目には、それはただ自分たちにせまる危険から逃げているだけ、としか見えなかった。それが彼には理解できなかった。シオンの恋人たちにとって意味のある旅立ちはただ一つ、約束された聖地への旅立ちだけだったのだ。キシニョフで虐殺が行なわれたのち、ほどなくして大勢の警察官がプウォンスクの町におしよせ、家から家へと武器を探してまわるようになると、ベン＝グリオンの心は決まった。父親に向かい、自分はパレスチナに渡りたい、祝福して送り出してほしい、と告げた。ヴィクトルの心は引き裂かれた。たしかに彼はずっとシオニストではあったが、このときはじめて理論と現実のあいだには大きなへだたりがあることを悟ったのだ。父親は愛する息子の身を案じた。ここ東欧での危険を脱したとしても、パレスチナに渡れば別の危険に立ち向かわなくてはならないことを肝に銘じておくよう、息子に言って聞かせた。ダヴィドは父を安心させるため、すくなくともワルシャワ大学で学ぶことを認めてほしいと頼んだ。だがほんとうの気持ちとしては、これは真の旅立ちの下準備にすぎなかったのだ。

ワルシャワ大学への入学手続きを終えるが早いか、彼はシオニストの戦いに身を投じた。集会での発言には熱がこもっていた。そのために「危険な知識人」として逮捕されるはめになった。父親がプウォンスクからワルシャワへ、救出のために飛んできたおかげで釈放された。なんと警察のお偉方がグリュンという同姓だったのが幸いしたのだった。

試練はダヴィドの信念をいよいよゆるぎないものにした。一九〇六年の夏、父の家の前で写真におさまったのち、ついに出発した。友人のシュロモ・ゼーマッハと、母親につきそわれた若い女性で熱狂的シオニストのラヘル・ネルキンがいっしょだった。

†

「到着は苦い失望となった」と、ダヴィドはのちに書いている。「ゼーマッハとわたしは一晩じゅう、甲板の上からパレスチナの海岸をくい入るように見つめていた。レバノンからずっとたどってきた海岸線だ。先祖の国があった土地に足をふみいれることを考えると、もう待ちきれなかった。しかし、何ひとつ思っていたようには運ばなかったのだ[5]」

ダヴィドがついに約束の地に最初の一歩をふみだしたのは、一九〇七年九月七日、ヤッファでのことだった。衝撃を受けたのは「老朽化した建物の景観、嫌悪を催させる不潔さ、そして、みすぼらしい身なりでなにもせず、ただ騒いでいる連中」で、そういったものに彼の心はかき乱された[6]。「荷車のわきでしゃがみこんでいる、でっぷり太ったアラブ人、その人ごみのなかにぽつりぽつりとあるユダヤ人経営のちっぽけな貧しい店」の光景には、こう叫ばずにはおれなかった。

「ここはプウォンスクよりひどい！」

それからつれていかれたのはユダヤ人地区のホテルだった。だが、そこに滞在するつもりは毛頭なかった。

「ヤッファには泊まらない、こんなところでひと晩だってすごすものか。ここはイスラエルの地ではない！　きょうのうちにペタハ・ティクヴァに行く！」

「希望の門」を意味するペタハ・ティクヴァは、当時パレスチナにつくられた数多くのユダヤ人入植地の一つだ。ダヴィドはシュロモとラヘルとともに、同じ希望をいだいてペタハ・ティクヴァをめざす一四人の若者にくわわった。道中、どれほど失望を味わったことか！　彼の頭には、乳と蜜が流れると聖書で読んだ、預言者たちの地についての話がたっぷりつまっていた。だが見渡すかぎり、石ころだらけの乾燥した砂漠地帯だった。かつての広大な森は消えていた。開墾によって、ではなく略奪によって木々が失われ、気候が変わってしまっていた。海岸沿いは、かつては羊の群れが草を食む広大な牧草地だったが、いまは不衛生な沼地にとって代わられていた。これほどまでに変わりはてるものなのか？

それでも農場で迎えた最初の夜の記憶は、生涯ずっと、希望が実現した喜びとともに心にきざまれることになった、とダヴィドはのちに語っている。到着時の苦い失望にもかかわらず、彼にとって重要だったのは、ついにわが家へ帰ってきたという確かな感覚だったということが、次の言葉にあらわれている。

「ブドウ畑のジャッカルの遠吠え、家畜小屋のロバの鳴き声、沼のカエルの鳴き声、アカシアの花の匂い、近くの海のさざ波の音、茂みの影、夜空の濃い青色を背景にきらめく星々の夢のような美しさ、これらすべてがわたしを酔わせた。わたしはうっとりするような幸福にひたった。これは現実なのだろうか？まるで伝説の王国に入りこんだような気がしたものだ。そして、自分に問いかけた。これは現実なのだろうか？」

それとも、夢？　いや、夢ではなかった。彼が手を伸ばすと指先が壁にふれた。

「嵐がわたしの魂をゆさぶっていた。深い感動が心の奥底までしみわたっていった」「この大地、それをみずからの足でふんでいる。空には見たこともない星々が輝いている」「新たにわたしの避難所となったこの場所と一体となったまま、わたしは朝を迎えるまで一睡もしなかった」

イスラエルの地と完全に一体になりたいとの思いから、まもなく彼はグリュンと名のるのをやめた。そして、ローマ帝国に対するユダヤ人の抵抗運動を導いた、二〇〇〇年前の英雄にあやかって、ベン＝グリオンとなった。

†

こうして高揚感をおぼえはしたが、一方で少なからず驚いたのは、入植地のリーダーである農場主たちがシオニストの理想をまったく忘れてしまっているように見えたことだ。ロチルド男爵やほかの慈善家からの助成金を手に入れるや、その金をてっとりばやく土地の購入にあててしまうのだ。アラブ人労働者を情け容赦なく働かせ、ヨーロッパから移住してきた若者たちのことは開拓者とはみなさず、労働力になればしめたものといった扱いだった。新たに到着した若者はまず一日試しに働かされた。この土地の気候に慣れており、幼いころから土地を耕してきた、アラブ人に負けないくらいの成果をあげられなければそれで終わりだ。知識人や職人だった若者たちにはむりな話で、ほとんどがさっさとおはらい箱になった。そんななかで、ダヴィド・ベン＝グリオンは猛然と働いた。

「ユダヤの入植地では一年間がむしゃらに働いた」と、彼はのちに語っている。「だが、わたしにとってつらかったのは、労働よりむしろマラリアと空腹だった。だがそのマラリアも空腹も労働も、どれもわたしには目新しくもあったので、そういう意味では興味深かった。そもそもそういうことを肌で感じるためにこの地に来たのではなかったか？　きっかり二週に一度は熱を出し、熱が下がるまでに五、六日は苦しんだ。空腹もやはり定期的に襲ってきた。日中はあらゆる手立てを講じてなんとか追いはらうか、すくなくとも、なんとか考えずにやりすごすことができた。だが夜になっても眠ることができずにいると、空腹のかみつくような痛みが激しくなり、心臓が刺されるように感じ、気が遠くなり、骨の髄までしゃぶられ、なすすべもなく痛めつけられた。そして夜明けが訪れるころ、疲労困憊したわたしはようやくまどろむことができるのだった」

先祖の地パレスチナに戻った開拓者たちはみな同じ思い出をもっている。マラリアだ。蚊がはびこる沼で生まれるこの感染症は、移住してから数年ほどのあいだ彼らを悩ませた。それは、移住者の数がじゅうぶんに増え、沼を干すことができるようになるまで続いた。

もしも、ダヴィド・ベン＝グリオンが農業労働者として働きつつも、きわめて興味深い分析に到達していたのでなければ、彼の冒険にはこれといって見るべきところはなかっただろう。彼はシオニストであっただけでなく、社会主義者でもあった。出身国であるポーランドで真の階級意識を身につけていたダヴィドは、ほかの国々と同様にパレスチナでも、ユダヤ人労働者は公正に扱われなければならないという信念をもっていた。そこで、ポーランドでそうしていたように、ここでもポアレイ・ツィオンの仲間に入って戦うことにした。一九〇六年に、この組織はパレスチナではじめての党大会を開いた。中央委員会を構成する五人の委員が選出され、ベン＝グリオンはその委員の一人となった。

日中は額に汗して働き、夜は活動家として戦う。それが彼の宿命となる。一方で、そのような人生が若き日の恋愛の成就をさまたげた。若いラヘルが彼についてパレスチナまで行く決心をしたのは、彼のことを深く愛していたからだ。それは彼も同じだった。だが、華奢《きゃしゃ》で美しかったラヘルは開拓者の生活に慣れることはなかった。数時間ほど畑仕事をすると倒れこんでしまい、涙を流すのだった。ほかの人々から厳しく非難された彼女は、涙を浮かべてダヴィドに助けを求めるが、彼が盾となって守ってやることはなかった。ダヴィドからすれば、いちばん重要な目的を前にしてここで挫折する権利は彼女にはなかったのだ。目的とは、イスラエルを肥沃な土地に変えることである。のちに二人が別れた理由をたずねられて答えたとき、ラヘルはため息をついて、最後にこう言った。

「ダヴィドは社会のことには関心があったけど、個人的な問題には興味がなかったのよ」

一方でベン＝グリオンは次のように説明している。

「結婚？」「当時、いったいだれが結婚のことなど考えただろう？」「わたしたちはあまり早くに子どもをほしいとは思わなかった。この国は無秩序で未開だった。適切なヘブライ教育を子どもにあたえてやれると保証することができなかったのだ。（…）問題はあるにせよ、イスラエルの地で子どもを育てることは可能だとわかったのは、もう少しあとになってからだった」

彼は少しのあいだ、ぼんやり考えていた。そしてつけくわえた。

「それはともかくとして、ラヘルは別の男と出会い…、そして恋に落ちて…」

彼の言葉はとぎれたままただよった。まるでその先を語るのはつらすぎる、とでもいうようだった。

彼に代わってラヘルと交際をはじめたのは、毎晩家ですごすような男だった。活動家ではなかったのだ。ラヘルはこの男と結婚した。ダヴィドはこの痛手から立ちなおれなかった。なんと六年後、アメリカからラヘルにあてて、すべてをすててよりを戻してほしいと懇願する手紙を書き送っている。貞節な人妻となっていたラヘルがそれに従うことはなかった。

ロシアでは徴兵が告知された。もしも彼が任用局に出頭しなければ、父親が莫大な罰金を払うことになる。つねに父を愛しうやまってきた息子としては、それは避けたかった。そこで、ロシアの軍服を着るや、すぐさま脱走してハンガリー国境を越え、イスラエルの地にまいもどった。

†

ダヴィドは、帰り着いたそのイスラエルの地で、年を追うごとに彼の戦いの方向転換をせまるようになる、ある現実に直面する。パレスチナに住むアラブ人はユダヤ人の存在をけっして受け入れはしないこと、ましてシオニストたちが切望する究極の目標であるユダヤ人国家の樹立など受け入れるはずはないこと、それがこのときはっきりとわかったのだ。

読者が驚きとともに次のような疑問をいだくのは当然だ。つまり、ヘルツルをはじめとするシオニズムの創始者たちは、当初から、自分たちが所有権を主張するこの土地にはすでに住人がいる、という問題を考慮していなかったのか、という疑問だ。じつをいうと、その点を避けていたのではなく、むしろそれほど大きな問題とは考えていなかったのだ。聖書で語られた数々の物語が文字どおり頭にしみこんだシオニストたちにとって、この聖書の地よりほかに、ユダヤ人の故郷にふさわしい土地など想像すらできなかった、というのがほんとうのところだ。聖書は観念的な書物ではなく、そのなかに書かれた物語の舞台となった土地の名は正確なものだ、と考えていたのだ。

それに、ヘルツルの時代にはパレスチナにはそれほど多くの人は住んでいなかった。広大な土地は手つかずで放置されていた。しかも、もう何世紀ものあいだオスマン帝国の一地方になっていた。ヘルツルの考えについては先にも述べたが、その言葉には読者も驚かされたにちがいない。「もしスルタン陛下がパレスチナをくださるなら、トルコ［オスマン帝国］の財政問題を完全に解決してご覧に入れよう」。いまこれを読むと、あまりの慢心に驚きあきれるほかない。おそらく次のような意図で書かれた、と解釈すべきだろう。原則として、所有地であるからには所有者の許可を得てからの移住は法的に正当である、と創設者たちも考えていた。そうすると、許可を願いでる先はオスマン帝国のスルタンだ。陛下はわれわれの訴えに注意深く耳を傾けてくださるだろう。なぜなら、パレスチナに入植地を建設してそれらが繁栄すれば、この不毛な地域を豊かにできる、とオスマン帝国に提案できるだろうから。アラブ人は？　彼らは貧困にあえいでおり、なにもかも不足している状態だ。仕事を提示されれば、それこそ大喜びするだろう。

この論理は、当時の植民地――および植民地主義――の文脈で展開されたからこそ成り立った。ヨーロッパの強国は地球上のいたるところで支配権を手に入れていた。そのような国々は、植民地化した土地で遭遇する住民のことなど気にかけただろうか？　むしろその逆だ。自分たちは、植民地化した土地に住んでいた人々に文明をもたらしたのだ、ともっともらしくくりかえし、そうすることでやましさをごまかしていたのだ。シオニストたちもおそらく同じ理屈だったのだろう。彼らはあきらかに優越感に駆りたてられていた。大事業家や科学者や知的クリエーターが多かった彼らは、パレスチナの地の住民はかならず感謝の念をもって自分たちを受け入れるはずだ、と考える傾向にあった。

ところが、彼らは大切な要素を見落としていた。宗教である。見たところアラブ人はオスマン帝国に服従しているので、自分たちのことも受け入れるだろうと考えていたシオニストたちは、パレスチナの地では占領する側も占領される側もともにイスラム教徒であることを十分に認識していなかったのだ。また、ユダヤ人は本来アラブ人にとっては敵であることを、思い出したくなかったのだ。

パレスチナに到着した頃のベン＝グリオンは、アラブ人とユダヤ人が結束して彼らを搾取している者たちと戦い、利益共同体を形成し、そこから明日の自由国家を作り出せるだろうと信じていた。もちろん、彼のこの信念は真摯なものだった。だが、それは幻想でしかなかった。二つの民族集団のあいだに生まれたのは協力関係というより敵対関係だった。入植者は、先に住んでいた隣人たちから攻撃される不安に毎日苦しめられるようになった。

危険を感じた土地の所有者たちは、武装した傭兵を雇い入れた。ベン＝グリオンはこれに憤慨した。そして、ある思いを強くしたのだ。その思いとは、ユダヤ人の入植地はユダヤ人が守らなければならない、というものだ。しかもユダヤ人だけで。それが対立をいっそう深めることに彼は気づいていたのだろうか？　一九〇九年にユダヤ人とアラブ人の双方に一人ずつ死者がでるという深刻な事件が起こると、彼は自分のゆるぎないはずの信念に変化が生じるのを感じた。共通の目的をめざして二つの労働者階級が結束できるだろうとはもはや考えられない。「階級意識」は社会主義者のベン＝グリオンにとっては教義だったが、それですべてを得ることはできない。このとき、ユダヤ人国家の樹立をけっして受け入れないであろうアラブ人とはいつか雌雄を決することになる、と確信した。そしておそらく、武器を手にして自分たちの国家を守らなければならなくなるだろう、とも。平和主義者でもあった彼は、やむなくいたったこの軌道修正に胸が張り裂ける思いだった。そしてこの修正によって、ベン＝グリオンは当初からは想像もしなかった方向にふみだすことになる。つねに社会主義を志向していたものの、実用主義《プラグマティズム》的なところもあった彼にとって、イデオロギーよりユダヤの民族主義のほうが大切になっていく。

そんな彼がみずからに許した唯一の娯楽は読書だった。ワルシャワではゲーテ、シェイクスピア、それにトルストイとの出会いがあった。パレスチナでは金がいくらか入るたびに買うのは本だった。当地に来てすぐにアラビア語を勉強したいと思うようになり、記憶力のよさも手伝って、あっというまにこの言語を習得した。それでも、ポアレイ・ツィオンの機関誌「統一」の編集部の一員に選ばれたと聞いたときは、たいそう驚いたようすを見せ、こう叫んだ。

「いったいなにを書けばいいのだろう？　文章なんて書けない！　なにも書いたことなどないのに！」

引き受けるのはおまえの義務だといわれて、彼は折れた。パレスチナに来てから四年をへて、彼はエルサレムに移った。自分は一生、シオニズムとユダヤ人労働者のために戦いながら、土地を開墾しつづけるのだと信じていた。だが、ことはそのとおりには運ばなかった。このとき人生の新たな一ページがめくられたのだ。

†

こうしてベン＝グリオンは記者になった。彼が書く記事は無骨ではあったが、単刀直入な文章のおかげで訴える力があった。「統一」で働いた日々は自分にとって「政治活動を学ぶ見習い期間」となった、とのちにみずから語っている。とはいえ、心の奥底では、ユダヤ人国家の建設を勝ちとるのはペンではなく行動である、と確信していた。

彼は、ウィーンで開催されたポアレイ・ツィオンの世界会議に派遣された。そこで、自分たちの理論でがんじがらめになったディアスポラ［離散してパレスチナ以外の地に住むユダヤ人とその共同体］のシオニストたちとは、もはや共通点がほとんどないことが彼にはわかった。パレスチナの労働者の統一は、ディアスポラの組織とのつながりより重要だ、と叫んだ。その発言は罵声を浴びせられた。パレスチナに戻った彼は、イスラエルのユダヤ人の運命は彼ら自身の戦いにかかっている、と信じて疑わなかった。たとえ自分たちだけで戦うことになったとしても。

そこで、ヘルツルの考えに立ち帰ってみることにした。オスマン帝国を相手にうまく立ちまわってみてはどうだろう？　オスマン人になって一心にスルタンに仕え、そうしてスルタンから自治、さらに独立を勝ちとればよいのではないだろうか？

迷っている時間はなかった。ベン＝グリオンはそれからもずっと、時間に追われることになるのだが。船に飛びのり、一九一一年一一月にテッサロニキに着いた。オスマンの言語と法を学びたかった。父は学費として毎月三〇ルーブルの仕送りを承諾した。それは、餓死はしない程度のあまりにもぎりぎりの金額だった。

†

そのころのダヴィド・ベン＝グリオンの風変わりな姿ときたら！　当地ではタブーシュとよば

れるトルコ帽をかぶって写真におさまっている。ブルジョワの身なりをした彼は黒いフロックコートをはおり、襟の固いシャツを着ており、ベストの上には懐中時計の金の鎖が見える。たしかに、郷に入っては郷に従え、の実践だ。彼はその後もずっとそうしたやり方を変えなかったことはよく知られている。トルコ語に自信がつくと、すぐに大学の入学試験を受験した。一九一二年六月、すべての科目ですばらしい成績をおさめた。ところが残念なことにイタリアとオスマンのあいだの戦争が激化した。学生は動員され、大学は閉鎖された。数か月後に勉学に復帰できたときのダヴィドは病気で体力がおとろえていた。慢性栄養失調、つまり新鮮な野菜とくだものの摂取不足のために壊血病をわずらっていたのだ。一年目の終わりの成績はそれでも「優」だった。一九一四年に第二学年の試験に合格したとき、ヨーロッパで戦争が勃発した。オスマン帝国はドイツと同盟を結び、フランスとイギリスを相手に戦うことになる。

ベン＝グリオンは休暇でパレスチナに帰った。パレスチナには、戦争に入ったオスマン帝国が大臣を送りこんできた。どんな民族主義の芽もつぶしておこうと、ジェマル・パシャが派遣されたのだ。着任後すぐに、シオニズムを説く文書類を所持している者は全員死刑に処すると宣言した。また、シオニズム運動の指導者を、やっかいごとを起こさないうちにと逮捕した。ベン＝グリオンは長時間にわたる尋問を受けた。そして、オスマン帝国からの追放を申し渡された。手錠をはめられた彼は、ヤッファの港に停泊する船に乗せられた。パスポートにははっきりと「オスマン帝国より永久追放」という文言が押印された。

ベン＝グリオンとその友人ベン＝ツヴィを乗せ、古いギリシア船が向かった先は、アメリカだった。船旅のあいだ、ベン＝グリオンは英語の習得に熱中した。

ここでまたひとつ逆説的なできごとを紹介しよう。ベン＝グリオンとベン＝ツヴィはニューヨークで船を下りるとき、タブーシュをかぶっていたのだ。出迎えに来ていたポアレイ・ツィオンの活動家たちは、アメリカではこのあまりにトルコらしい特徴のある帽子は、シオニストである二人にふさわしくない、と注意した。二人はすぐさま帽子をとった。その後ふたたびその帽子が日の目を見たのは、シオニスト党祭りの一環で行なわれた、オリエント風ダンスパーティーのときだけだった。

ベン＝グリオンはアメリカ滞在のあいだ州から州へと訪問してまわり、実質的にこの巡業は終わることなく続いた。一巡するが早いか、すぐに次の一巡に出発するのだった。都市から都市へとユダヤ人共同体を訪れては人々と話し、パレスチナがユダヤ人に明け渡されたらそこで開けるはずのすばらしい未来について語った。人々に辛抱強く求めつづけたのは、開拓への参加だった。開拓への志願を要請したのである。彼にとってパレスチナのユダヤ人国家とは、全世界から何百万人というユダヤ人がとぎれることなく集まりつづけた結果、はじめて実現されるものだった。その土地でユダヤ人住民が過半数を超えれば、ユダヤ人が自分たちの国をそこに築く権利をいったいだれが否定できるだろう？　どこに行っても、弁が立つダヴィド・ベン＝グリオンの話に人々は耳を傾け、喝采した。だが、金はどんどん集まったものの、開拓に参加したいと申し出る者はそれほど多くはなかった。アメリカに住むユダヤ人には、迫害されているという感覚は少しもなかったのだ。むしろこの国での生活に満足していたのである。参加希望者が少なかったことにダヴィドは失望したが、一方で多くの金が集まったことは励みとなった。ユダヤ人の民族的郷土を建設するためには、資金、それも多額の金が必要だった。建設という最終的な大仕事のために、アメリカの金が大きな助けになってくれることをいまは確信していた。

また、妻となる女性と出会ったのもやはりアメリカだった。看護師をしていたポリーナ・モンバズ――いつもポーラとよんでいた――と知りあったのは、彼が三〇歳のときだった。最初の出会いは友人の紹介だった。大きな顔に大きな眼鏡をかけたポーラは、お世辞にも美人とはいえなかった。だが、細身で快活で溌剌とした女性で、ダヴィドはその率直さを気に入った。彼女はシオニズムが何なのかも知らなかった。約束の地、それは彼女にとってはアメリカだ。しかし、出会ったその日から、彼女はベン＝グリオンの魅力の虜になった。のちにこのように語っている。「あの人の外見ときたら、ほんとうに見物《みもの》だったわ。みすぼらしくて、目はどんよりとくもっていたのよ。でもいったん口を開けば、とても優秀な人だとすぐにわかったの」。ポーラは当時ある医師と結婚を考えていた。だが、一着しかないスーツの上着のひじのあたりが薄くなった男のために、彼女は医師に別れを告げた。一九一七年一二月五日の朝、勤務先の病院を飛び出した彼女は、ダヴィドの待つ市役所へと走った。役人が二人の結婚式を二ドルでとりおこなった。そして、式が終わるとすぐにポーラは病院に戻った。外科医を補佐することになっている手術があったのだ。ダヴィドはそのあいだにポアレイ・ツィオンの中央委員会の会議に出席した。それから、苦労のすえ、自分たちの資金で手のとどくアパートを見つけた。もっともいっしょに住んだのは五か月だけだった。なぜなら、すばらしいニュースがアメリカにとどいたからだ。一九一七年一一月二日に表明された、バルフォア宣言である。

†

一九一六年、イギリスでは爆薬の製造に欠くことのできないメタノールが不足していた。大臣のロイド＝ジョージは、すぐれた化学者であるヴァイツマン教授をマンチェスターからロンドンによびよせた。問題を解決できるか、と問われたヴァイツマンは、いまはまだわからないがやってみましょう、と答えた。

「どのくらい時間をいただけますか」とヴァイツマンはたずねた。

「一刻の猶予もありません」

「よろしい。では夜を日に継いで取り組むとしましょう」

数週間後、ヴァイツマンは、ロイド＝ジョージの前にあらわれた。

「問題が解けました」

一年がたった。ヴァイツマンの方法はイギリスで必要とされるアセトンの量をすべてまかなっていた。ロイド＝ジョージはふたたび教授をよんだ。

「あなたはこの国に対してすばらしい貢献をしてくださった。勲章の授与を女王陛下に進言するよう、よろこんで首相に申し入れましょう」

教授はそれにこたえて言った。

「自分のためにほしいものはありません」

「しかし、この国に提供してくださった貴重な支援に対する感謝の気持ちとして、なにかできることはないでしょうか?」

沈黙ののち、教授は口を開いた。

「では、わたしの同胞のために、お願いしたいことがあります」

そして、ロイド＝ジョージに向かい、自分がシオニストであることを説明した。ユダヤ人は自分たちの本来の故郷をとりもどすべきだ、というのが彼の考えだった。ロイド＝ジョージは注意深く耳を傾けた。この会話が、ユダヤ人国家の基礎を築くうえで決定的な契機となる。

ロイド＝ジョージは首相に就任した。そして外相のバルフォアとともにこの問題に取り組んだ。ロイド＝ジョージはのちに語っている。「ヴァイツマン博士の偉業についてバルフォアに話すと、自身も学者である彼はきわめて高い関心を示した。われわれは当時、中立国、なかでもアメリカに住むユダヤ人の支持を得たいと考えていた。そして、ヴァイツマン博士を外務省に直接引きあわせることにしたのだ」

そして、その結果は? それが、一九一七年一一月二日付けでバルフォアからライオネル・ロスチャイルド男爵に送られた有名な書簡だ。

「イギリス政府は、ユダヤ人の民族的郷土をパレスチナに建設することに対して好意的な見方をし、その実現を支援するために全力をつくすものである。ただし、現在パレスチナに定着している非ユダヤ人共同体の公民権と信仰上の権利、また、その他の国々に住むユダヤ人が享受する権利と政治的地位をそこなうようなことはなにひとつおこなわれてはならない、という明白な認識にたってのことである」こうして、バーゼルで打ち出された構想は現実のものとなった。バルフォア宣言は、テオドール・ヘルツルをはじめとする、すべてのシオニストとベン＝グリオンの希望に現実味をもたらしたのである。ロイド＝ジョージはさらに次のように述べている。「このように、ヴァイツマン博士はその発見によって、戦争でわが国を勝利に導いただけでなく、世界地図を永久に書き換えたのだ」

数日後、ウィルソン大統領がアメリカを代表してバルフォア宣言を承認する。一九一八年二月一四日にはフランスのステファン・ピション外相が支持を表明した。

バルフォア宣言の内容を知らされたときの、世界中のユダヤ人の歓喜と勝利の叫びを想像できるだろうか？　ダヴィド・ベン＝グリオンも喜びをかみしめた一人だった。しかし、喜びのうちにも、次のように彼らしく明快に釘を刺すことを忘れなかった。

「イギリスはユダヤ人にパレスチナを返還したのではない。イギリスがパレスチナ全土を占領したとしても、イギリスが同意し、ほかの国々も賛同したからといって、ユダヤ人のものになりはしないだろう」「イギリスがとった行動はすばらしいものだ。われわれの存在を政治的国家として認め、この土地に対するわれわれの権利を承認してくれた。しかし、ヘブライの民だけがこの権利を具体的な事実に変えることができる。また、ヘブライの民だけがその身体と魂によって、またその力と資本によって、民族的郷土を建設し、離散から帰還し、ひいては国家の樹立へと到達することができるのだ」

そして、今度はアメリカが参戦した。アメリカのユダヤ人共同体にあった、三国協商側につけば後戻りできなくなるという懸念からくるためらいも、これで一掃された。まもなくイギリス軍がパレスチナに入ることが発表された。一九一四年の晩秋にピンハス・ルーテンベルクという男によって、ユダヤ人部隊の創設という考えがはじめて実現に向けて動き出した。彼はヴァイツマンその人に会って自説を説き、次いでさらなる認知を求めてアメリカにやってきた。だが、相手にする者はほとんどいなかった。これに対して、イギリスに残っていたシオニストの活動家ジャボティンスキーも同様の考えにもとづいて運動を展開し、もう少しで実現するというところまでこぎ着けた。そんなとき、ニューヨークから電報がとどいた。その「ブレイニン、ベン＝ツヴィ、ベン＝グリオン」という連名の差出人からの電報は、ユダヤ人部隊編成のための「アメリカにおける募集運動の開始」を告げていたのだ。

これこそ、ベン＝グリオンと友人たちが全身全霊をかけて打ちこんでいる新たな活動だった。ベン＝グリオンとベン＝ツヴィは、イースト・ブロードウェイ一六九番地にユダヤ人部隊の採用窓口をかまえ、ユダヤ人の土地の解放に協力しなければならない、とよびかけた。朝から晩まで、仕立て屋、記者、家具職人、食料品店の店主といったさまざまな人々が志願者の列を作った。

まもなく志願兵たちはノヴァスコシア州ウィンザーの第二兵舎に送られ、そこで最初の訓練を受けたのち、ハリファックス、リヴァプール、アレクサンドリア、そして最終目的地であるヤッファに向かうことになる。

ベン＝グリオンがいよいよ自分も出発すると告げたとき、妻のポーラは妊娠四か月だった。ポーラは涙ながらに、はじめての子どもを出産しようというときに置いていかないで、と訴えた。ポーラはまだ若く、アメリカ育ちではあったが、その哀願には、はるか昔からユダヤ人の母親たちの身にそなわった永遠の力強い調子がすでに宿っていた。ダヴィドは胸がいっぱいになったが、これっぽっちもゆずる気はなかった。ここであきらめるようなら、それはベン＝グリオンという男だといえるのか？　赤ん坊が生まれたらすぐによびよせる、と妻に約束するくらいが精いっぱいだったのだ！

五月二九日に彼はウィンザーの訓練キャンプに向けて出発した。途中の駅という駅で、志願兵を乗せた列車が止まるたびに、待ちかまえていたユダヤ人の一群が歓呼の声で迎えるのだった。

さて、われらが主人公の新奇な姿、それはイギリス軍の軍服に身を包んだベン＝グリオンだ。訓練キャンプでは、この男が仲間たちのあいだで人望があることに上官たちはすぐに気がつき、彼を伍長に任命した。第三九小銃大隊とともにエジプトに到着した彼は、ユダヤ人部隊がいまだに実戦配備されていないことを知って、どれほど苦い思いをかみしめたことだろう。イギリス軍のアレンビー将軍は、バルフォア宣言には反対しており、パレスチナの解放にユダヤ人がなんらかの役割を果たすことを認めようとしなかった。到着後まもなく赤痢にかかったダヴィドが、娘のゲウラの誕生を知らせるポーラからの電報を受けとったのは病院だった。感動した彼は、ただちに書き送っている。「わたしたちの子どもの誕生は、われわれの土地パレスチナが解放された幸福な瞬間にもたらされた。この瞬間の喜びはこの子の人生を生涯明るく照らすことだろう」

続く数か月のあいだ、ダヴィドがポーラ宛ての手紙に書くことといえば、まもなく解放される愛するパレスチナのこと、そして心に思い描いている将来のユダヤ人国家のことばかりだった。一方で、強烈な肉体的欲望を隠すこともしなかった。「きみの唇がほしい、その腕をとってわたしの体に引きよせ、燃えるように熱いこの腕できみを抱きしめたい。きみのベッドのかたわらに行き、身をかがめて口づけし、その腕のなかにわたしの体をすべりこませたい、きみ以外のことはすべて忘れて…[7]」

かたや、ポーラの手紙はまったく異なっていた。夫を愛していたことはいうまでもないが、彼女は彼女でかかえている問題と毎日格闘し、疲れはてていたのだ。なにしろひとりで出産を迎えなければならなかったうえに、金もないまま赤ん坊と二人、日々の糧にも事欠く生活を送っていたのだから。なにより、シオニズムはポーラの関心事のなかでももっとも些末なことで、ともすれば愛するダヴィドのことも狂信的な危険人物に思えることもあったにちがいない。わたしを置いて遠くへ行ってしまうなんて、どうしてあの人はそんなことができるのだろう？

ダヴィド・ベン＝グリオンが戦うことはなかった。すくなくともこの戦争では。そしてアレンビー将軍は大勝利をおさめた。オスマン帝国が崩壊したのち、イギリス軍は単独でパレスチナを占領した。一九一八年一一月六日、ベン＝グリオンがテルアヴィヴに到着したときに身にまとっていたのはイギリス軍の軍服ではあったが、その袖にはダビデの星［ユダヤ教あるいはユダヤ民族を象徴する六芒星のしるし］のマークがあった。テルアヴィヴには休暇をとって来たのだが、そんなことはどうでもよかった。ついにイスラエルの地に戻ってきたのだ。

†

戦争は終わった。ベン＝グリオンはエルサレムに戻ることができた。やっとポーラといっしょに暮らせるようになったとき、幼い娘はすでに二歳になっていた。しかし、ここはほんとうに約束の地なのだろうか？　パレスチナに住むユダヤ人は戦争中に塗炭の苦しみをなめた。六万人の貧窮者、それ以外に彼らを形容する言葉は見あたらない。オレンジ、ワイン、オリーブといった輸出品で生計を立てていたのが、もう何年も販路のないままだった。果樹園の多くは荒れはてて自然の状態に戻ってしまっていた。

しかし、ベン＝グリオンは依然として楽観的だった。講和条約で、パレスチナはイギリスが委任統治することになった。条文には、委任統治国はユダヤ人の民族的郷土の設立を支援しなければばならないと明記された。この構想が生まれたのがロンドンであったことから、パレスチナがイギリスに一任されることになったいま、民族的郷土が誕生する日も近いだろうと考えるのは当然ではないか？　ベン＝グリオンには、イスラエルの地をとりもどすために戦うべき場所がイギリスであることは明らかだった。そしてふたたびパレスチナを離れ、ロンドンへ向かった。ただし、今度はポーラと娘もいっしょに！　シオニスト会議にはパレスチナのユダヤ人労働者の代表として出席した。ベン＝グリオン家の二番目の子どもをポーラが出産したのはイギリスだった。息子は、ダヴィドのたっての望みでヘブライの預言者にちなみ、アモスと名づけられた。

このころベン＝グリオンが敬服していた英雄、――隠し立てする必要はないだろう――それはレーニンだった。社会主義者の彼としては、一〇月革命のニュースには興奮を抑えられなかった。家族をともなって東ヨーロッパにおもむき、ユダヤ人共同体を前に、息子たちのうち優秀な者をパレスチナに行かせてほしい、と休むことなく懇願しつづけた。彼の信条は変わらなかった。住民の多数派を占めることができるように、ますます多くのユダヤ人が移住することで、パレスチナはイスラエルになる、と考えていたのだ。プウォンスクに立ちより、妻と二人の子どもを老いた父親に引きあわせたとき、彼はどれほどの感動をおぼえたことだろう！　のちにその父ヴィクトル・グリュンはルビコン川を渡る決心をする。つまり、息子に続いてパレスチナに渡り、一九四四年に亡くなるまで生涯そこで暮らすことになるのだ。[8]

だが、ベン＝グリオンは楽しみのための旅行とは無縁の人物だった。暴動が起こったとの知らせを受けて、パレスチナに飛んで帰ることになる。ヤッファなどでユダヤ人とアラブ人が対立し、流血の事態をまねいていた。だがこれは、長く痛ましい危機のほんのはじまりにすぎなかったのだ。

しかし、初代イギリス委任統治領パレスチナ高等弁務官は、イギリスの内閣で大臣をつとめたイギリス系ユダヤ人、ハーバート・サミュエル卿だった。彼が民族的郷土という大義に好意的でないはずはない。さらに、パレスチナのためのユダヤ機関も設立された。これは、「ユダヤ人の民族的郷土の政治的運営をめざして」イギリスの行政機関と協働することを意図した公的機関である。その会長にはヴァイツマン博士が就任した。同時に、パレスチナ・ユダヤ労働総同盟、ヒスタドルートが創設された。その初代事務局長がほかならぬダヴィド・ベン＝グリオンである。同盟はまたたくまに従来の組合を超えた役割をもつようになった。独自の会社を設立し、道路を建設し、村をつくった。ヒスタドルートは実質的に、パレスチナで生産されるもののほとんどを集めて販売する協同組合となった。この組織の中心人物であるベン＝グリオンが、この地の第一人者だと認められないはずがあっただろうか？

ユダヤ人の存在感が高まれば高まるほど、アラブ人の反感は増していった。そしてまもなくそれは憎しみに変わった。歴史をひも解けば、圧迫を受けた民族が自分たちのアイデンティティを自覚する例は枚挙《まいきょ》に暇《いとま》がない。これが、まさにパレスチナのアラブ人にもあてはまる。先祖伝来の土地がよそ者に占領されるのを見て、自分たちが排除されたという思いがつのった。そしてアラブ人は、忘れていた自分たちの起源に立ち返ってみて、先祖たちが戦士であったことを思い出したのだ。ユダヤ人の施設はどれも、それがどこにあろうと、特殊攻撃部隊の攻撃にますます脅かされるようになった。イギリス当局は、アラブ人にはほんのわずかの害もくわえたくはなかったので、武力衝突が起こっても対応はおよび腰だった。そのため、強固に組織化されたユダヤ人だけの防衛部隊が絶対に必要だ、というのがベン＝グリオンの考えだった。それが、幹部将校たちが訓練し、指揮する、民間人の志願兵で構成されたハガナーだった。ベン＝グリオンはその拡大を推進しつづけた。のちに次のように説明している。

「アラブ人による襲撃の脅威は二〇世紀初頭に比べて高まっていた。隔絶した場所にキブツ［イスラエルの共同農場］をつくろうとすると、完成後初日か翌日の夜のあいだに襲撃されることを覚悟せざるをえない。確実に自衛できなければ、二日以上もちこたえられないのだ。自分たちの防衛体制をつくりあげなければならないのは明らかだった。それが、たとえ委任条項に逆らうことになり、また非合法的な行動をとることになったとしても、だ。国家の建設がわれわれシオニストの計画の一端となって以来、みずからの土地でみずからの生活を守るのに他人をあてにはしない、自立したユダヤ人の形成を心がけなければならなくなったのだ」

一九三〇年にポーラが三番目の子どもを出産した。女児はヘブライ語で「祝賀」を意味するレナナと名づけられた。ベン＝グリオン夫妻にとって祖国イスラエルで生まれたはじめての子どもである。

ベン＝グリオンが願いつづけてきた移民の流れが、ついに再開した。まず、新体制に変わったにもかかわらず依然として反ユダヤ主義が蔓延している東ヨーロッパから、何万という移住者がやってきた。ヒトラーが権力をにぎるとすぐにユダヤ人の迫害がはじまり、移民の流れは大きくふくれあがった。たった三年のあいだに七万人のドイツ系ユダヤ人がパレスチナに移住した。

一九三五年にエルサレムのユダヤ機関の執行委員会議長となったベン＝グリオン——当時四九歳だった——は多くの人々から、当時その数四〇万人になっていたパレスチナ在住ユダヤ人のリーダーとみなされていた。ユダヤ人共同体がますます繁栄するにしたがい、外部からの危険はますます大きくなっていった。大ムフティー［イスラム教の法学者］であるハーッジ・アミーン・アル＝フサイニーが、パレスチナのアラブ人に蜂起をよびかけた。ねらいは、イギリス人を追い出し、ユダヤ人の民族的郷土を破壊することだった。いまや双方に郷土という観念が生まれていた。ユダヤ人は、パレスチナのユダヤ人国家のために人生を捧げることを決意していた。アラブ人もまた、パレスチナのイスラムの郷土のためにはいつでも戦う覚悟だった。

イギリスから軍隊が新たに派遣されたが、秩序の回復にはいたらなかった。ハガナーを組織し、訓練しておくことがどれほど役立ったかが理解されたのはこのときだった。当時ハガナーの民間人リーダーをつとめていたのがベン＝グリオンだった。

あまりにもこみいって出口の見えないこの状況は、第二次世界大戦後に中東を荒廃させることになるすべての紛争の予兆であった。イギリス政府は打つ手もなく、途方にくれた。そこで、委員会――時間稼ぎにはぴったりの方策だ――が任命された。委員会は、パレスチナをユダヤ人国家とアラブ人国家のあいだで分割し、エルサレムと海港をつなぐ回廊地帯のみイギリスの支配下に残すことを提案した。ユダヤ人国家！　悲願であった目標についに手がとどこうとしているのか？　ヴァイツマン博士とベン＝グリオン――それまで多くの点について博士に反対を唱えていたのだが――が、このピール委員会の提案を承認した。

だが、時すでに遅かった。ヨーロッパは戦争へとつき進んでいた。ヒトラーは、アラブ人がユダヤ人を排除するのを支援すると宣言した。イギリスは、自国の力のおよばぬところで中東の全イスラム教徒が集結する戦争が起こるかもしれない、とおそれをいだきはじめた。そして時を移さず先の提案を撤回した。一九三九年、イギリス政府は白書を発表した。それによると、パレスチナはアラブ人国家となり、ユダヤ人はその人口の三〇パーセントに制限される。もうユダヤ人国家どころか、民族的郷土も夢と消えようとしていた。そして、ユダヤ人移民は制限されることになったばかりか、パレスチナでは、厳密に定められたいくつかの地域を除き、土地を所有することはできなくなった。シオニストのすべての切なる願いにとって、なんと大きな後退だったことか！　白書を読んだベン＝グリオンは、これまでの人生を賭けた戦いがむだになった、と、一時《いっとき》は落胆する。だがすぐに気をとりなおした。そして、パレスチナのユダヤ人は白書を無効とみなす、と宣言した。それどころか、禁止されているユダヤ人の移住はますます奨励された。違法とされたにもかかわらず、パレスチナには何十もの船に乗って新たな移民が到着した。移民の流れの勢いは弱まるどころか、むしろ強まったのだ。このときから、パレスチナのユダヤ人には二つの敵ができた。ドイツとイギリスである。

†

だが、ヒトラーがポーランドに侵入すると、事情はがらりと変わった。パレスチナのユダヤ人はためらうことなく連合国側についた。ベン＝グリオンは次のように叫んだ。

「われわれは戦争などないかのように白書と戦い、白書などないかのように戦わなければならない」

パレスチナではすぐに新兵の任用局が開設され、一三万人が志願した。そして東アフリカ、キレナイカ（リビア東部）、ギリシア、クレタ島での戦闘にくわわった。ヴァイツマン博士がユダヤ人部隊を編成することを求めたが、徒労に終わった。この点についてはイギリスの立場は変わらなかった。つまり、アラブ世界の機嫌をそこねてはならないのだ。一方エルサレムの大ムフティーはベルリンに飛び、戦争のあいだはずっとヒトラーのそばですごした。そしてラジオを通じ、イスラム教徒たちに向けて、ユダヤ人を虐殺せよ、と熱のこもったよびかけを続けた。

一九四〇年五月、ドイツ軍のフランス侵攻がはじまるとともに、イギリスではウィンストン・チャーチルが首相に就任した。チャーチルはつねづね白書には反対の立場で、パレスチナの民族的郷土という大義に好意的だった。彼はユダヤ人の軍隊を認めるだろうか？　ベン＝グリオンはヴァイツマン博士に加勢するため、ロンドンに向かう。こうしてザ・ブリッツ――ゲーリングが命じた、ドイツ軍による大規模な空襲――を、イギリス人とともに体験することになった。夜になると、ロンドン市民に交じって防空壕へと走った。朝がくれば、夜のうちに何千という家々が破壊されていようとも、人々が「気をとりなおし、規律正しく」壕を出て、自由な空気を吸いこみ、そしてそれぞれの仕事に戻っていくようすをまのあたりにした。

彼はのちに次のように語っている。

「一九四八年三月にテルアヴィヴで、独立宣言の危険性とわれわれの現状の不利な点を計りにかけて検討を重ねているころ、ザ・ブリッツのときのロンドンの男たちや女たちのことを思い出していた。そして、心のなかでこうくりかえしたものだ、『ユダヤ人にも同じことができる』と。われわれは前進した。少数派の民族が多数派を相手に戦ってきた歴史、それがわれわれの存在の大きな柱だったのだ」

全世界が戦争にまきこまれた。ヒトラーに支配されたヨーロッパ全土でユダヤ人狩りがはじまった。いたるところでユダヤ人が逮捕され、列車につめこまれ――老人も成人も女性も子どもも関係なく――、収容所に監禁されたあげく、そのほとんどが命を落とした。ベン＝グリオンにとってこのおぞましい凶行は、シオニズムの主張が正しいことの反論の余地のない証しとなった。その主張とは、ホロコーストを生きのびた者たちがついに他者に頼らずに生きられる土地に移住しようとするのをこばむことなど許されない、というものだ。戦争真っただなかの一九四二年、彼はアメリカにおもむき、ニューヨークで新たにアメリカのシオニスト会議を主宰することになる。

すると、それまで中立だったアメリカのユダヤ人たちの姿勢は大きく変わった。イギリスの委任統治の終了とパレスチナにおけるユダヤ人国家の承認を強く要求するようになった。しかし、一九四五年五月にヒトラー率いるドイツが降伏すると、依然としてパレスチナの統治者であるイギリスは、ユダヤ人移民の割りあて数を増やすことを断固としてこばんだ。まだこみいった問題が残っていたのだ。すなわち、アラブ人の機嫌をそこねてはいけない、という事情である。彼らを手強《てごわ》い敵にしてはならない。忘れるわけにはいかないのだ、イギリスに供給される石油の大半は中東で産出されていることを…

ユダヤ人はイギリスの強圧的な指図に従うことになるのか? いや、まったくその逆だった。それどころか、ヨーロッパで同じユダヤ教徒たちを襲った虐殺の被害の甚大さに震撼し、恐怖にかられた彼らは、占領者であるイギリスに立ち向かおうとしていたのだ。どれほどの代償を払うことになろうが、彼らの決意はゆるがなかった。

三年にわたる戦いがはじまる。そしてこの三年のあいだにベン＝グリオンは、当時の世界の偉大な政治家の一人であることを示した。この三年はまた、まさに産みの苦しみの年月となった。イスラエルという国家を産み落とすための苦しみだった。

戦争が終わって五か月がたった。ベン＝グリオンは、切望していた新たな旅に出た。行き先はドイツ。向かった先はアウシュヴィッツだった。過去の世代が想像だにしなかった死の産業の残骸をすべて見ておきたかったのだ。家畜のように人が積みこまれ、到着時にはすでに息絶えていた者もあったという、列車が走った線路を見せられた。存在そのものを理由に有罪とされた人々がつめこまれた、バラックの収容棟を見せられた。あれほど多くの無実の人々が煙となって消えた、火葬場にもつれていかれた。

アウシュヴィッツから戻った彼はいうまでもなく、容赦のない強固な決意を鎧のごとく身にまとっていた。避難民キャンプでは、生きのびたユダヤ人たちが、彼を救い主ででもあるかのように迎えた。駆けよってきてその衣服にふれ、自分たちがパレスチナに行けるようにしてほしいと懇願するのだった。これらの人々がすべてを忘れることができる場所も、再生することができる場所も、パレスチナだけだ。それなのにイギリスは、あれほど憎悪すべき行為から生還した人々に対して、約束の地への立ち入りを禁止しようというのだ！

ベン＝グリオンは六〇歳近くになっていた。すっかり白くなった髪は、まるで頭部をとりまく王冠のようだった。年を重ねても、その情熱がおとろえることはなかった。だから、虐殺を生きのびた人々が、ほかに避難所がないからという理由でペスト患者のようにつめこまれ、まるで彼らのほうに罪があったかのような扱いを受けているのは、彼には耐えがたいことだった。

アイゼンハワーとの会談は、避難民の惨状を訴えるチャンスとなった。ただちに避難民キャンプでの生活状態は改善された。ベン＝グリオンは、パレスチナから教師や指導者をよびよせ、キャンプ内で若い人々がヘブライ語や農業技術を学べるようにすることも認めさせた。これは、彼らを移住にそなえさせるのに効果的で巧妙な方法だった。

ベン＝グリオンはパレスチナに戻った。自分たちをしめつけているイギリスという万力を破壊し、もてるかぎりの力をつくして非合法の移住を支援することが、このときから彼の目標になった。ユダヤ人を満載した船が、ヨーロッパのすみずみから先祖の地をめざしてやってきた。イギリス海軍はあらゆる手をつくして航行を阻止しようとした。エクソダス号の事件は多くの人々の記憶に残っている。満員の生存者を乗せたこの船は、パレスチナの海岸を前にしてイギリス軍の立入検査を受けた。乗客は全員逮捕され、それ自体が檻のような船に移されてヨーロッパへつれもどされたのだ！

パレスチナに武装抵抗運動が登場したのはこのときだった。あるいは、人によってはテロリズムとよぶだろう。合法的手段ではらちがあかないと失望したユダヤ人たちのなかに、二つの非合法集団が生まれた。イルグンとレヒである。このころからエルサレムなどいたるところで、不特定多数をねらった爆弾が爆発するようになった。標的になったのはイギリス人、さらにイギリス人、つねにイギリス人だ。ベン＝グリオンは承知していたのだろうか？　認めていたのだろうか？　とんでもない。依然ユダヤ機関の指導者であった彼は、これら無差別のテロ行為を非難した。標的にされたのが軍人であっても、罪のない人々が代償を払うことになる。彼は宣言する――熱い信念の吐露だった――、これほどの血が無作為に流されれば、シオニズムの大義の信用は失墜する、と。そのとき彼はすでに、それが報復をひき起こし、ひいてはユダヤ人全体に被害がおよぶことになる、と予見していたのだ。

そして、その予見は現実となった。パレスチナのユダヤ人とアラブ人は、いまや同じ夜間外出禁止令のもとで生活することになった。一斉検挙や逮捕の件数は増加した。活動家の疑いをかけられた者はすべて投獄された。ハガナーのメンバー三〇〇〇人がパレスチナ南部の収容所に分散して拘禁された。ほかの強制収容所にはテロ組織のリーダーたちが収容されていた。

検挙の波が最大になっていたころ、ベン＝グリオンはパリにいた。一貫して暴力を非難していた彼だが、ユダヤ人の兄弟たちを投獄することが許されるなどという考えにはがまんならなかった。そして、武器をとってイギリス人に向かっていく者たちと、陰で殺す者たちとを、区別するようになった。いずれにせよ、逮捕されたユダヤ人の大半は正義などまったく無視して逮捕されたのだ、と彼には思えた。自分は孤立無援だという思いをかかえ、どれほどの孤独感を味わっていたことか！

一九四六年七月、イルグンのゲリラ隊が、イギリスの行政機関が入るキング・デイヴィッド・ホテルの一部を爆破した。建物の五階分が崩壊し、九〇人以上の死者が出た。憤激の波が世界をゆさぶった。ユダヤ人の大義が不評をかってしまったいまだからこそ、手を引くのは自殺行為になるとベン＝グリオンは考えた。穏健派で仲裁役のヴァイツマンの姿勢とは反対に、ベン＝グリオンは活動家たちのほうに歩みよっていく。

彼は、パレスチナをそれぞれいくつかのユダヤ人地区とアラブ人地区に分けるという、イギリスの新たな分割案を拒否した。戦前はシオニズムに好意的だったが、いまや逆に手強い相手となったイギリスのベヴィン外相に、敢然と立ち向かった。ベヴィンとベン＝グリオン、より手強かったのはどちらだろうか？　甲乙つけがたいところだ。それでも、ロンドンで行なわれた協議は決裂し、解決策を見つけることをあきらめたイギリスの内閣は、このパレスチナ問題を国連にもちこんだ。一九四七年四月二八日、国連総会で激しい議論が幕を開け、調査委員会が設置された。

パレスチナに戻ったベン＝グリオンに決戦のときがせまっていた。ハガナーを武装すべきときが来た。このときからベン＝グリオンは非公式に国防大臣の役割を担うことになる。そしてその同じ役割を、まもなく公然と担うことになるのだ。

アメリカのユダヤ人からの資金の流入は続いており、そのおかげで、軽火器から重火器まであらゆる武器を、いたるところから購入することができた。一九四七年一一月一〇日、彼はチェコスロヴァキアと大量の武器調達にかかわる協定を結ぶ。その日がくれば、これらの武器が勝利か敗北かを決するのだ。

一一月二九日、ついに国連総会がパレスチナ分割決議を採択した。決着はついた。ユダヤ人の勝利だ。国家を手に入れたのだ。

†

ベン＝グリオンがその知らせを受けたのは、死海のほとりに立つホテルに滞在中のことだった。彼は早くに就寝していた。国連の採決の結果を知らせるために起こされたのは真夜中だった。寝室の窓まで行って外を眺めた。月明かりの下、岸辺で労働者たちが歓喜の声をあげ、踊っているのが見えた。イスラエルの再建にいたるまでにどれほどの年月をついやしたことか！　ベン＝グリオンに、イギリスの委任統治は一九四八年五月一四日に終了する、と人が告げに来た。年老いた闘士はのちに次のように回想している。

「その夜、おおぜいの人が通りで踊っていたが、わたしは踊れなかった。戦争が近いことを知っていたし、そうすれば、この国の若者たちの精鋭を失うことになるのがわかっていたからだ」

このときも彼ははっきりと予見していたのだ。一九四八年二月、パレスチナでユダヤ人とアラブ人の戦闘がはじまった。エルサレムのユダヤ人共同体は脅威にさらされた。ベン＝グリオンはこれに立ち向かおうと、危険に直面する兄弟たちを救うために、みずから作戦を練った。数日後、メナヘム・ベギンが率いるイルグンの男たちが、デイル・ヤシーン村の人々を虐殺した。その結果、恐怖を感じたアラブ人たちが大挙してエジプト、トランスヨルダン、レバノンへと逃げだしたのである。

五月一二日、イギリス軍に訓練や装備を頼り、さらにイギリス軍が指揮をする、トランスヨルダンの王アブドゥッラー一世のアラブ人部隊が攻撃をしかけてきた。アメリカ政府が介入し、休戦協定を提案した。ただしその条件は、ユダヤ人が独立宣言を延期することだった。自由になる瞬間を先延ばしにしようなどという国民があるだろうか？

その独立宣言は、五月一四日、テルアヴィヴ美術館でベン＝グリオンによっておこなわれた。彼の言葉はラジオを通じて全国にとどけられた。アラブ人部隊のおそるべき勢力がせまっている地域でさえ、人々は喜びの涙にくれた。

ベン＝グリオンは小槌をもちあげ、テーブルをたたいた。テオドール・ヘルツルの肖像画の下に着席してから、まだ三七分しかたっていなかった。

「イスラエルの国は誕生した」。彼のその言葉とともに、集会は終了した。

その日の夜、彼は日記に次のように書いている。「四時、独立宣言。国全体が喜びにわきかえった。そしてきょうもまた一一月二九日と同じように、歓喜する人々のただなかで、わたしはひとり悲しみをいだいて途方にくれる者のような気がした」。もっともなことだ。その翌日には、アラブ人部隊によるエルサレムの包囲がはじまったのだ。

五月一六日、ハイム・ヴァイツマンがイスラエルの大統領に、ベン＝グリオンが首相に、それぞれ就任した。その日のうちにアメリカがイスラエルを事実上承認した。五月一七日にはソヴィエト連邦がイスラエルを正式に承認した。

ダヴィド・ベン＝グリオンの個人的な冒険は完結した。彼は歴史の一部となった。それまでは指導者であり、政治の策略家だったが、いまや一国を代表する政治家になったのだ。それは六月二二日に証明されることになる。彼はイルグンのメンバーを、新国家の正規軍となったハガナーに統合しようと、最善をつくしていた。このような場合によくあることだが、先日まで非合法組織だったイルグンのメンバーたちは、法で定められた権威を受け入れることをこばんだ。イルグンが発注した武器を運んできた輸送船アルタレナ号が着岸の準備をしているとき、元イルグン兵士の集団が脱走した。自分たちだけで使うために、運ばれてきた武器を確保しようとしたのだ。ベン＝グリオンにとってはあきらかに不服従の行為だ。彼は元イルグン兵士たちにハガナーに戻るように命じた。兵士たちはこれを拒否。ベン＝グリオンは躊躇せず、アルタレナ号を砲撃した。船は運んでいた武器ごと沈んだ。勝ったのは、国家の権威だった。

イギリス軍の最後の兵士たちがパレスチナを去るが早いか、戦いは再開した。国連に選任された調停官のベルナドッテ伯がレヒの反体制派異分子に暗殺された。ベン＝グリオンはただちにイルグンとレヒを解散した。戦争［第一次中東戦争］の結果はだれもが知るとおりだ。エジプトとヨルダンがあいついでイスラエルの優位を認め、新国家との休戦協定に調印した。ユダヤ人は独立のための戦いに勝ったのだ。数か月のうちに二四万人近い新たな移民がイスラエルに移住した。国連総会はエルサレムを国際管理下に置くことを可決した。ベン＝グリオンはただちにイスラエルの首都をエルサレムに移すことを決めた。

それからは、再建されたユダヤ人の祖国に移民の流れがおしよせた。その数は、一九五〇年は一七万人、一九五一年は一七万五〇〇〇人に達した。

この数年のあいだに、ベン＝グリオンとその政府はイスラエルの国力を強化した。ダヴィドの望みは平和だったが、戦争へのそなえは怠らなかった。ヨーロッパでのヒトラーによるユダヤ人迫害の賠償を求めた、ドイツ連邦共和国政府との交渉については不評をかったが、そんなことに動じる男ではなかった。多くのイスラエル人が、あのような重大な犯罪を金でなかったことにしようというのか、と抗議の声をあげた。それに対してベン＝グリオンは、イスラエルの未来を永久に保障するためにはこの金が必要なのだ、と平然と答えた。またエジプトで、自由将校団がクーデターによってファールーク一世を倒したときは、ベン＝グリオンは新体制に友好のメッセージを送っている。

そんな数々の功績をあげてきたが、彼は疲弊していた。もう長い年月ずっと休みなく走りつづけてきたのだ！　後世に残る強固な国家の基礎を築けた、と確信していた。この国の政党や過激派が躍起になっている、きわめて地中海沿岸地域らしい政治のかけひきにも、もう興味をひかれなかった。一九五三年の暮れに彼は辞任を発表した。

そして、人生で初の休暇をとり、コートダジュールで数日間をすごした。それから、みずから選んで決めた、ネゲヴ砂漠にあるキブツ［イスラエルの共同農場］、スデ・ボケルにむかった。到着後すぐにネクタイをはずし、スリーピースのスーツを脱ぎ、粗い布地でできた冬服をまとった。翌日、そこで迎えたはじめての日、彼は堆肥の運搬をまかされた。これには大喜びだった。これこそまさに、四七年前ペタハ・ティクヴァに到着してすぐにまかされた仕事だったのだ。

イスラエルのキンキナトゥス［独裁官の任務を終えると農業に従事する生活に戻った、共和制ローマの人物］とよんでもよいだろうか？　わるくないだろう。しかし、新たな脅威がせまるのがわかると、彼は友人たちの懇願に負けた。そして、モシェ・シャレット首相のもとで国防大臣として入閣することに同意する。このときのことをこう記している。「軍事情勢に不安をおぼえてさえいなければ、一〇〇台のブルドーザーを使ってもわたしをスデ・ボケルからつれだすことはできなかっただろう」

七月の選挙後は首相として政務に復帰した。この首相在任中にフランスやイギリスとの秘密交渉を成功させたが、結局はスエズ戦争［第二次中東戦争］での無益な結果に終わる。またもイスラエルは軍事的優位を示したが、ソ連とアメリカがフランスとイギリスに圧力をかけてエジプトに対する攻撃を中断させると、イスラエルもやはり英仏に続くほかなかった。

それからのベン＝グリオンの活動は、イスラエルの同盟国となる国を探すことにしぼられた。さまざまな人々がより集まってできており、強い敵意に満ちた国々に囲まれている、この小国の存在がいかに脆弱か。そのことを、だれよりもこの国をよく知る彼は知っていた。たしかに彼は、相対的に敵国とは比べものにならないほどすぐれた軍事力をこの国にそなえさせた。しかし、友好国にまさるものはない。彼はひんぱんに外遊した。パリでシャルル・ド゠ゴールを魅了したときの話を紹介しよう。将軍は車まで彼を送ったあと別れ際にこう声をかけた。

「この会談はたいへん意義深く、きわめて有益だったと思います。お近づきになれてうれしいです。もう知りあいになったわけですから、このように申し上げてもいいでしょう。なにかご心配ごとがあれば、そのつど直接手紙をよこしてください。まわりくどいことは不要です」

彼が去ったあとで、ド゠ゴールは娘婿に向かって言った。

「あの男とアデナウアーの二人が、西側諸国ではもっとも偉大な政治家だと思う」

同年、老いたベン゠グリオンはニューヨークでアデナウアーに会い、翌年にはケネディに会う。アイヒマンの逮捕を命じたのはベン゠グリオンだった。そして、その後ふたたび辞任した。これを最後に、二度と権力の座に戻ることはなかった。

彼はキブツに戻り、ふたたび開拓者の衣服に着替えた。そして思い出とともに老後の人生を送った。偉大な思い出とともに。

†

六日戦争［第三次中東戦争］の勃発を知ったベン゠グリオンは最初、なんということをしたのだ、と怒った。その後、あのように電撃的な勝利をかちとると、この老人は喜びをあふれるにまかせたのだった。

イスラエルの全国民が、彼が八五歳を迎えたことを祝った。当時首相だったゴルダ・メイアは、スデ・ボケルを訪れて誕生日を祝った。ベン＝グリオンは最後にもう一度、イスラエル議会クネセトでスピーチをおこなった。政党の別なく議員全員のおしみない拍手喝采をあびた。ソ連のユダヤ人の運命にかかわる会議が開かれるため、彼はブリュッセルに行くことを希望した。それこそ彼にとって最後までもっとも重要な懸念の一つだった。

最後の悲しみといえば、一九六八年一月にポーラが彼より先に亡くなったことだった。ベン＝グリオンはポーラに対していちじるしく不誠実だった。数えきれないほどの外遊はしばしば情事の口実になっていたが、ポーラもそれを知っていた。彼にはロンドンに長く関係をもっていた若いイギリス人女性がいた。聡明で狡猾なこの女性を、彼は大切に思っていたようだ。だが、いちばんの愛情はいつもポーラのためにとっておいた。なんといっても彼女は彼の戦いを支えた伴侶であり、夫の希望も失望も成功も見てきた証人だったのだ。

脳出血が彼を襲った。入院し、二週間死を相手に闘った。もう意志を伝えることはできなかったが、見舞い客にはその眼差しから、彼の意識ははっきりしており、いっさいの苦悩がないことが読みとれた。

ヨム・キプール戦争［第四次中東戦争］の最中だった。どの新聞でも、二つの戦闘が平行して行なわれていることを書きたてた。ベン＝グリオンは死と戦い、イスラエルは国家の存続をかけて戦っていた。

一九七三年一二月一日、彼はユダヤ人の神にその魂をゆだねた。その神からはしばらく遠ざかっていたが、人生最後の日々にそのもとへと戻ってきていた。荒れ野でモーセに十戒をあたえ、同時にユダヤ人の永続を保証したのが、その神ヤハウェだった。

ベン＝グリオンは、自身の葬儀が沈黙のなかでとりおこわれるよう望んでいた。その希望は尊重された。沈黙したまま彼に敬意を表する群集ほど壮大なものはなかった。遺体は、ポーラの待つスデ・ボケルに運ばれた。

プウォンスク生まれのユダヤ人の子どもは、何世紀にもわたって数多くのユダヤ人が夢見てきたことをなしとげたのだ。「帰郷」という夢を。

〈原注〉

1 Zeev Sharef : *Les Trois Glorieuses d'Israël*.
2 Maurice Edelman : *Ben Gourion*. Préface de Guy Mollet (1955).
3 Michel Bar-Zohar : *Ben Gourion* (nouvelle édition, 1986).
4 Shimon Pérès : *L'Héritage des Sept* (1981).
5 Ben Gourion : *Du rêve à la réalité* (1986).
6 Michel Bar-Zohar、前掲書。
7 Michel Bar-Zohar、前掲書。

8　Joan Comay : *Israël, naissance d'une nation*. Adapté par Armand Ettedgui (1968).

◆著者略歴◆
アラン・ドゥコー（Alain Decaux）
歴史家、テレビプロデューサー。パリ大学で法律を学ぶかたわら歴史に興味をもち、フランスの歴史を中心に多数の歴史書を発表。1951年からラジオ番組「歴史討論」をはじめ、半世紀近く続く長寿番組となった。テレビプロデューサーとして「歴史の謎」、「カメラによる歴史探訪」など多くの歴史番組を手がけ、「リストワール」、「イストリア・マガジーヌ」などの歴史雑誌の編集にもたずさわる。1979年にアカデミー・フランセーズ会員となり、1988年から91年までフランス語圏担当大臣をつとめた。2016年に90歳で死去。邦訳書に、全４巻の『フランス女性の歴史』（大修館書店、1980年）などがある。

◆訳者略歴◆
清水珠代（しみず・たまよ）…９章担当
上智大学文学部フランス文学科卒業。訳書に、ブリザールほか『独裁者の子どもたち——スターリン、毛沢東からムバーラクまで』、デュクレほか『独裁者たちの最期の日々』、ダヴィスほか『フランス香水伝説物語——文化、歴史からファッションまで』（以上、原書房）、ルノワール『生きかたに迷った人への20章』（柏書房）、共訳書に、タナズ『チェーホフ』（祥伝社）、ラフィ『カストロ』、ブレゼほか『世界史を作ったライバルたち』、ビュイッソンほか『敗者が変えた世界史』（以上、原書房）、コルナバス『地政学世界地図』（東京書籍）などがある。

濱田英作（はまだ・えいさく）…７章担当
国士舘大学21世紀アジア学部教授。早稲田大学大学院文学研究科東洋史専攻博士課程単位取得。著書に、『中国漢代人物伝』（成文堂）、訳書に、甘粛人民出版社編『シルクロードの伝説——説話で辿る二千年の旅』（サイマル出版会）、チャンバース『シク教』、ガネリー『ヒンズー教』（以上、岩崎書店）、共訳書に、ビュイッソン『暗殺が変えた世界史』、ゲズ『独裁者が変えた世界史』、バタジオンほか『「悪」が変えた世界史』（以上、原書房）などがある。

松永りえ（まつなが・りえ）…８章担当
上智大学外国語学部フランス語学科卒業。訳書に、ブランカ『ヒトラーへのメディア取材記録——インタビュー 1923-1940』、モワッセフほか『ワインを楽しむ58のアロマガイド』（以上、原書房）、プイドバ『鳥頭なんて誰が言った？——動物の「知能」にかんする大いなる誤解』、ジャン『エル ELLE』（以上、早川書房）、共訳書に、マクロン『革命 仏大統領マクロンの思想と政策』（ポプラ社）、ヴィラーニ『定理が生まれる——天才数学者の思索と生活』（早川書房）などがある。

松尾真奈美（まつお・まなみ）…10章担当
大阪大学文学部文学科仏文学専攻卒業。神戸女学院大学大学院文学研究科英文学専攻（通訳翻訳コース）修了。翻訳家。訳書に、ゲズ『独裁者が変えた世界史』、バタジオンほか『「悪」が変えた世界史』（以上共訳、原書房）がある。

傑物《けつぶつ》が変《か》えた世界史《せかいし》
下
ラストエンペラー溥儀《ふぎ》からイスラエル建国《けんこく》の父《ちち》ベン＝グリオンまで

●

2021年2月25日　第1刷

著者………アラン・ドゥコー
訳者………清水珠代《しみずたまよ》／濱田英作《はまだえいさく》
松永《まつなが》りえ／松尾真奈美《まつおまなみ》
装幀………川島進デザイン室
本文組版・印刷………株式会社ディグ
カバー印刷………株式会社明光社
製本………小泉製本株式会社
発行者………成瀬雅人

発行所………株式会社原書房
〒160－0022　東京都新宿区新宿1－25－13
電話・代表 03(3354)0685
http://www.harashobo.co.jp
振替・00150－6－151594
ISBN978-4-562-05898-3